我
思

敢于运用你的理智

道德原理研究

〔英〕休谟　著

周晓亮　译

长江出版传媒

崇文书局

图书在版编目（CIP）数据

道德原理研究 /（英）休谟著 ；周晓亮译 . -- 武汉：
崇文书局 ，2024.6
（崇文学术译丛·西方哲学）
ISBN 978-7-5403-7642-0

Ⅰ．①道… Ⅱ．①休… ②周… Ⅲ．①休谟（Hume,
David 1711-1776）－伦理学－研究 Ⅳ．① B561.291
② B82-095.61

中国国家版本馆 CIP 数据核字（2024）第 080139 号

道 德 原 理 研 究
DAODE YUANLI YANJIU

出 版 人 韩 敏
出 品 崇文书局人文学术编辑部·我思
策 划 人 梅文辉（mwh902@163.com）
责任编辑 黄显深（bithxs@qq.com）
装帧设计 书与设计工作室
责任印制 李佳超
出版发行 长江出版传媒 崇 文 书 局
地 址 武汉市雄楚大街 268 号 C 座 11 层
电 话 (027)87679712 邮政编码 430070
印 刷 武汉中科兴业印务有限公司
开 本 880mm×1230mm 1/32
印 张 5.25
字 数 115 千
版 次 2024 年 6 月第 1 版
印 次 2024 年 6 月第 1 次印刷
定 价 38.00 元

（读者服务电话：027－87679738）

目　录

第一章　论道德的基本原理 1

第二章　论慈善 7

第三章　论正义 15

第四章　论政治社会 37

第五章　为什么效用使人快乐 45

第六章　论对我们自己有用的品质 67

第七章　论直接使我们自己愉快的品质 85

第八章　论直接使他人愉快的品质 97

第九章　结论 105

附录一　关于道德情感 123

附录二　论自爱 135

附录三　对正义的进一步考察 143

附录四　论某些词句之争 153

第一章　论道德的基本原理

在与人争论时，如果这些人固执地坚持他们的原则不放，那么，这个争论就是一切争论中最令人讨厌的。也许这里要把另外一些争论排除在外，那就是当那些争论的人完全没有诚意，他们实际上并不相信他们所捍卫的观点，他们进行争论只是装装样子，只是出于逆反情绪，或只是想要炫耀自己超出于他人的聪明机智。在这两种情况下，我们都可以看到争论者盲目坚持他们的论点，蔑视他们的争论对手，并且情绪激昂地极力诡辩和坚持错误。在这些方面，两种人都是同样的。因为对这两种争论者来说，他们各自的信条都不是从推理来的，所以，要指望用任何不涉及感情的逻辑使他们接受一些比较可靠的原则，那是徒劳的。

那些否认道德差别的实在性的人，可以被列入没有诚意的争论者之列，因为我们无法想象任何人会认真地相信，人的任何性格或行动都会得到每一个人的喜爱和尊重。自然在人和人之间造成的差别是很大的，这种差别又由于教育、榜样和习惯的不同而进一步扩大了，以至于当我们同时考虑对立的极端情况时，我们既没有足够严谨的怀疑论，也没有任何确定的信心去断然否认人和人之间的全部差别。即使一个人非常迟钝，他也一定常常被正确和错误的不同影响触动；即使一个人的偏见非常顽固，他也一定会看到，其他人的偏见会给人以同样的印象。因此，使这种论敌转变的唯一办法是任其自行其是。因为当他发现没有人和他争论，他很可能仅仅出于厌倦，就最终自动地回到常识和理性方面来。

最近出现了一种关于道德的基本根据的争论，很值得我们考察一番。这个争论涉及：道德是从理性中引申出来的，还是从情感中引申出来的；我们是通过一连串论证和归纳获得有关这些道德的知识，还是通过直接的感知和精细的内部感官获得的；它们是否像一切有关真理和谬误的可靠判断那样，对于一切有理智的存在物都是同样的；或者，它们是否像美和丑的知觉那样，完全建立在人类的特殊构造和结构之上。

古代哲学家经常断言，德无非是与理性相符合，然而，一般地说，他们似乎认为，道德是从趣味和情感中获得其存在的。另一方面，我们当代的研究者尽管也大谈道德的美和罪恶的丑，但是在说明它们的区别时，他们通常致力于形而上学的推理和从最抽象的理智原则来进行的演绎。这是人们对这些论题的讨论中到处存在着的一种混乱，以至于在各个体系之间，甚至在几乎每个单独体系的组成部分中，都可能普遍存在的最严重的对立。而对此情况，直至最近还无人意识到。文笔优雅的莎夫茨伯利（Shaftesbury）勋爵 ① 最先谈到道德方面的这种区别，

---

① 莎夫茨伯利（1671—1731），英国道德哲学家。——译者注（如未注明，后文脚注均为译者注）

而且他一般是坚持古代哲学家的原则的，但是他本人并没有完全摆脱同样的混乱。

应当承认，对这个问题的两方面都可以提出貌似合理的论证。一方面，人们可以说，道德差别是可以用纯粹的理性来辨别的，要不然，在哲学以及日常生活中盛行的有关这个题目的许多争论又从何而起。争论的双方常常提出一系列论证，他们援引例证，诉诸权威的论断，进行类比，发现谬误，引出推论，根据他们的恰当原则来调整结论。真理是可以争论的，但趣味却不能争论。事物本性中存在的东西是我们进行判断的标准；每个人内心感到的东西是情感的标准。我们可以对几何学的命题进行证明，可以对物理学的体系进行争论，但是，诗句的和谐，情感的温柔，才智的横溢，它们给人的必定是直接的快乐。任何人都不会对他人的美丽进行推理，但是却经常对他人行为的正义和非义进行推理。在一切刑事审判中，囚犯的抗辩首先是反驳被控的事实，并且否认归罪于他的那些行为。然后他要证明，即使这些行为实际发生了，它们也可以被证明是无罪的和合法的。显然，上述这第一种观点是根据理智的推论确定下来的：我们怎么能设想把心灵的一种官能用于决定另一种不同的官能呢？

另一方面，有些人把一切道德决定都归结为情感，他们力图证明，理性从来不会引出这种性质的结论。他们说，善是可亲的，恶是可憎的，这构成了它们的真正本性或实质。而理性或论证能够把这些不同的形容词加在任何主体上，并预先宣布这一个必定产生爱，那一个必定产生恨吗？或者说，除了天生适于接受这些感情的心灵的原始构造和结构以外，我们还能为这些感情找出其他何种理由呢？

一切道德思辨的目的都是教诲我们应尽的责任，并通过恰当地描述罪恶的丑陋和道德的美好，使我们形成相应的习惯，使我们避开前者，接受后者。但是对于这一点究竟是否要指望通过理智的推断或结论来达到呢？这些推断或结论并非自动支配着那些感情，或调动着人的活动能力的。这些推断和结论发现了真理，但如果它们发现的真理是淡而无味的，既不会使人向往，也不会使人厌恶，那么，它们就不能对人的活动和行为有任何影响。凡是正直、公正、和谐、高尚和慷慨的品格，都会打动我们的心灵，激发我们去接受和保持它。而凡是可理解的、明确的、或然的、真实的东西，只能得到我们理智上冷静的赞同，而且由于满足了我们思辨的好奇心，我们的探索也就到此为止了。

当人们对善的一切炽情和偏爱都被窒息了，对恶的一切反感或厌恶都被消除了，这就使人们对善和恶的一切区分都无动于衷，道德学就不再是一门实践学科了，它对我们的生活和行为也没有任何规范作用。

上述两个方面的论证（还可以作出更多的论证）看起来很有道理，以至于我很容易猜想，它们两者可能都是可靠的和令人满意的，而且理性和情感在几乎所有的道德决定和结论中都同时发生作用。能够宣布性格和行为可亲还是可憎，值得赞扬还是值得谴责的那个最终判定，很可能是这样的判定：它为那些性格和行为打上印记，表明它们是光荣的还是耻辱的，是应当赞同的还是应当谴责的，它使道德变成能动的原则，将善指定为我们的幸福，将恶指定为我们的痛苦。我要说，这个最终的判定很可能依赖于自然已经在全人类普遍造就的某种内在的感官或感觉上。除此以外，还有什么东西能有这种影响呢？但是，为了给这样一种情感铺平道路，为了恰当地辨别这种情感的对象，我们发现我们往往必须从事大量的推理，作出细致的区分，引出公正的结论，进行广泛的比较，检验各种复杂的关系，确定和弄清基本的事实。有些种类的美，特别是自然的美，它们一出现就博得了我们的喜爱和赞美，而一旦它们失去这种效果，任何推理都无法恢复它们的影响，或使它们更适合于我们的趣味和情感。但是，对于许多不同种类的美，尤其是美术中的美，为了感受到合适的情感，必须运用大量的推理，不恰当的情调常常可以用论证和反省来纠正。我们有恰当的根据来得出结论：道德美在很大程度上属于后一种美，为了使它对人心有适宜的影响，它需要我们的理智官能的帮助。

不过，虽然这个有关道德基本原理的问题是新奇而重要的，但我们眼下并不需要对它作进一步细致的研究。因为如果在本书的探讨过程中，我们能十分幸运地发现道德的真正根源，那么，我们将很容易看出情感和理性在所有这种道德决定中有怎样深远的影响。（见附录一）为了达到这个目的，我们将努力采用一个非常简单的方法：我们将对构成我们通常所谓人格价值的精神品质的复杂性作出分析；我们将考察心灵的每一个属性，这些属性要么使人成为尊敬和爱戴的对象，要么使人成为憎恨和蔑视的对象；我们将考察每一个有关的习惯、情感和官能，我们如果将这些习惯、情感和官能归于某个人，那么它或者意味着对他的赞扬，或者意味着对他的谴责，而且还可以成为对他的品格和作风的推崇或讽刺。在这方面，人类普遍具有敏锐的感觉力，这种感觉力使哲学家充分相信，他在对上述各项做出分类时绝不会出大的错，或者说，他绝不会有把他思考的对象张冠李戴的危险。他只需稍稍深入自己的内心，看看是否想要得到人们加诸他的这个或那个品质，考虑一下这样或那样加诸他的东西是从朋友还是从敌人那里来的。语言的本性正在于指导我们几乎无误地形成这类判断。因为每一种语言都有一类褒义词，还有一类贬义词，我们只要对这种词语的用法稍有了解，那么不需要任何推理，就足以指导我们对人的各种可敬和可憎的品质进行收集和整理。推理的唯一目的就是从正反两方面发现对这些品质共同的情况，观察在可敬的品质和可憎的品质两方面都能符合的那个特殊的情况，从而找到伦理学的根据，发现一切谴责和赞同最终发源的普遍原则。因为这是事实的问题，不是抽象科学的问题，所以我们要想获得成功，只有遵循实验的方法，只有借助从特殊事例的比较中推出普遍的公理。另外一种方法是首先建立一个普遍的抽象原则，然后把它扩展到各种各样的推断和结论中去。这种方法本身也许是比较完善的，但是不太适合不完善的人性，而且它是这个以及其他论题上幻想和错误的一个共同根源。现在，人们对自然哲学中各种假设和各种体系的热情已经消失，除了从经验中得来的那些论证以外，他们不对任何论证感兴趣。现在，正是他们在一切道德研究中试行同样改革的时候了；他们应当抛弃一切不是建立在事实和观察之上的伦理体系，不管它们有多么精致或巧妙。

我们在这个题目上所进行的探讨，将首先考察社会性的德：慈善和正义。对这两个德的说明也许能给我们提供可以说明其他道德的入口。

第二章　论慈善

第一节

　　人们也许会认为，要证明仁慈或温柔的爱是可敬的，那是多此一举，而且只要这种爱出现就总会得到人们的赞许和欢迎。在各种语言中人们都可以看到，善交往的、温厚的、人道的、仁慈的、感恩的、友好的、慷慨的、善良的等形容词，以及与它们相应的词，都普遍用来表达人性所能具有的最高价值。如果这些可爱的品质是与生俱来的，是与人的能力和卓越才能相伴随的，而且表现出对人类良好的支配作用和有益的指导作用，那么，它们似乎就使具有这些品质的人升华到超出人性的水平，使他们在某种程度上达到神圣的境界。崇高的地位，无畏的勇气，辉煌的成就，这些可能只会为英雄和政治家招来公众的妒忌和恶意，但是一旦这些赞美之词被加上了仁慈的色彩，一旦各件事情都表现出慈悲、温情和友谊，妒忌本身就会沉默或者加入到共同的赞美和欢呼之声中去。

当伯里克利（Pericles）^①这位伟大的雅典政治家和统帅临终时，围在他身边的友人以为他已经不省人事了，于是就开始一一列举他的伟大品质和成就，他所进行的征战和取得的胜利，他对国家的长期非凡的治理，以及他击败民主的敌人而树立起来的九座丰碑，以此来尽情表达他们对这位即将去世的恩主的悲痛。可是，这位濒死的英雄听到了这一切，他大声喊道，你们对那些以带来财富为主的庸俗的成就谈得太多了，你们忘记了那项对我最辉煌的赞美。你们没有看到，没有任何一个公民是因我之过而穿上丧服的。^②

对于才智和能力比较一般的人来说，社会美德，如果可能的话，实质上会变得更必不可少。在这方面，没有任何优秀的东西能弥补社会美德的缺欠，或使人免遭我们的强烈仇恨和蔑视。西塞罗^③说，崇高的志向，巨大的勇气，如果缺少完美的品格，就很容易堕落为狂乱的暴虐。这里，他主要说的是那些比较有社会性的、比较宽厚的德。这些德永远是善的和可亲的。

朱文诺（Juvenal）^④在人类的广泛能力中发现了一个主要的优点，那就是，它使我们的仁慈也变得更加广泛了，并给我们以较多的机会去扩展我们的仁慈的影响，而不是沉醉于低等的创造活动上。的确，我们应当承认，只有通过行善，一个人才能真正享受由他的杰出所带来的利益。他的高贵地位自然只会

---

① 伯里克利（前495—前429）。

② 普鲁塔克：《希腊罗马名人传》，"伯里克利"。——原注

③ 西塞罗（前106—前43），古罗马政治家、哲学家、演说家。

④ 朱文诺（50—130），古罗马讽刺诗人，著有《讽刺诗集》。

使他面临更多的危险和动荡。他的唯一特权是给他所卵翼和保护的下属提供庇护。

不过我忘记了，我现在的任务不是向人们推荐慷慨和慈善这种德，或真实地描绘出这些社会美德的一切真正魅力。实际上，这些德足以使每个心灵刚一领会它们，就被它们所吸引，而且每当人们在谈话和推理中提到它们，很难不发出某种赞赏。不过，我们这里谈论的对象与其说属于道德中实践的部分，不如说属于思辨的部分，因此，我只要说明（我相信人们会乐于同意我这样做），除了慈善、仁爱、友谊、感恩、天生的爱、公益精神，或从对他人的深切同情和对我们同类的充分关心中产生的一切德以外，再没有其他任何品质更值得人类的普遍欢迎和赞许，那就足够了。只要这些德一出现，它们就好像以某种方式感染了旁观者，并在他们身上唤起同样美好的情感，他们又把这些情感用在周围一切人身上。

第二节

我们可能注意到，当我们对任何仁爱慈善的人表示赞扬的时候，有一个情形我们总要充分说到，那就是，他同人们的交往和提供的帮助给社会带来了幸福和满足。我们可以说，他所以得到他的父母的喜爱，与其说是因为他们之间的血缘关系，不如说是因为他对父母的孝顺和尽心照料。他的子女从未感到他的威严，而他在严厉的时候，也都是为了子女们的利益。同他在一起时，爱情借助于慈善和友谊而得到巩固。而友情由于人们各自乐于礼貌相待而向着爱情和依恋的关系发展。他的佣人和仆人从他那里获得可靠的帮助，他们不再惧怕命运的力量，除非他被命运的力量所压倒。饥饿的人从他那里得到食物，无衣的人从他那里得到衣服，愚昧懒惰的人从他那里学到技艺和勤勉。他像太阳，像一个秉承天意的普通牧师，使周围的世界得到鼓舞、激励和充实。

如果他的活动只限于个人生活，那么他的活动范围是比较狭窄的，但是他的影响完全是宽厚温柔的。如果他获得了较高的地位，人类及其子孙后代都会享受到他的劳动成果。

如果我们要激发起对任何人的敬佩，我们总要提到表示赞扬的上述那些方面，并会取得成功，那么，我们难道不能因此断定说，由社会美德中产生的效用至少构成了这些德的部分优点吗？难道不能断定说，这种效用是这些德之所以受到普遍赞扬和关注的一个根源吗？

即使在我们介绍一只动物或一株植物是有用的或有益的时候，我们对它的赞美和推崇也是与它的本性相适合的。相反，当我们想到任何这些低等生物的有害影响时，总是激起我们的反感。当我们看到广阔的麦田，看到果实累累的葡萄园，看到放牧的畜群等景象时，我们会感到赏心悦目，而当我们看到豺狼和毒蛇藏身的荒草树丛时，就会逃避。

一台机械、一件家具、一件衣服、一幢房屋，如果它们被设计得实用而方便，那么就此而言，它们是美丽的，就会使人们看到它们时感到快乐和满意。在这方面，经验丰富的人可以在对象中看到许多无知和未受教育的人看不到的优点。

在我们赞扬一种行业，诸如商业或制造业时，除了说到这门行业为社会所带来的利益外，难道我们还能说出别的更重要的理由吗？当我们把宗教法庭僧侣审判官的命令当成是对人类毫无用处或完全有害的，他难道不会勃然大怒吗？

历史学家乐于炫耀由他的工作所带来的益处。浪漫文学家则淡化或否认据认为由他的写作手法而引起的不良后果。

总的来说，在有用的这个简单形容词中包含着多么大的赞扬啊！在它的反义词中包含着多么大的谴责啊！

西塞罗反对伊壁鸠鲁派说 ①，你们的神不能正当地要求得到任何崇拜或敬仰，不论你们假定他们有何种想象出来的完美性。因为他们是毫无用处、无所事事的。甚至你们大加嘲笑的埃及人，也不会把任何动物拿去献祭，除非因为那个动物是有用的。

怀疑论者（尽管很荒谬地）断言 ②，一切宗教崇拜都根源于非生物，如太阳和月亮，对人类的维系和幸福所具有的效用。这也是历史学家把杰出的英雄和立法者奉为神明时所持有的共同理由。③

种植一棵树，耕耘一块田地，以及生儿育女，根据琐罗亚斯德（Zoroaster）④ 的宗教所说，这些都是值得称赞的活动。

在一切道德决定中，社会效用这个条件是人们所主要考虑的。不论在哲学中，还是在日常生活中，只要出现有关人的责

---

① 西塞罗：《神性论》，第一卷。——原注

② 塞古斯都·恩披里克：《驳数学家》，第 8 卷。——原注

③ 在狄奥德罗斯·塞古勒斯（Diodorus Siculus）的著作中处处可以见到这样的例子。——原注

④ 琐罗亚斯德（约公元前 7 世纪至公元前 6 世纪）是古代波斯的宗教改革者，创立琐罗亚斯德教。

任界限的争论，我们在解决这个问题时，只有在任何方面弄清何者是人类的真正利益，我们的决定才能达到最确实的程度。如果我们发现任何从现象中得来的错误观点到处流行，我们只要通过更深一层的经验和更可靠的推理得到有关人类事务的比较公正的概念，我们就马上会收回我们最初的意见，重新调整道德善恶的界限。

给普通的乞丐以施舍自然会受到赞扬，因为它似乎给穷困潦倒的人带来了宽慰，但是，当我们看到这样做会助长懒散和放荡，我们就会认为这种善施与其说是一种德性，不如说是一个缺点。

诛戮暴君，或弑杀篡位者和专制君主，在古代是受到高度赞扬的行为，因为它既使人们摆脱了许多恶人，又使尚未丧身刀剑之下的其他恶人感到恐惧。可是，历史和经验使我们相信，这种做法只会使君主更加防范、更加残暴。因此，尽管由于当时的偏见，梯蒙利昂（Timoleon）和布鲁图（Brutus）① 曾使人们着迷，但现在看起来，他们的榜样是非常不适于效仿的。

君主的慷慨被认为是慈善的一个标志，但如果正直勤劳者的家常便饭常常因此而成为怠惰淫奢之徒的美味佳肴，我们就会马上收回对那种慷慨行为的轻易赞美。如果一位君王因浪费了一天的时间而懊悔，那么，他的懊悔是高尚的、深切的。但如果他本来打算用这一天时间去给他的贪婪的宠臣滥施恩惠，

---

① 梯蒙利昂，公元前 4 世纪希腊政治家和将军，曾先在科斯林，后在西西里反对暴君。布鲁图（前 85—前 42），古罗马政治家、演说家和将军，恺撒与庞培内战期间支持庞培，后与人合谋刺杀恺撒。

那么，他还是浪费这一天的时间，不要那样滥用为好。

奢侈，或过于精细地讲究生活逸乐，很久以来就被人们看成是政府中一切腐败的根源，看成是派争、暴乱、内战和使自由完全丧失的直接原因。因此，人们普遍把它看成是一种恶，它还是一切讽刺作家和严肃的道德家谈论的话题。而现在，那些证明或试图证明这种讲究逸乐有利于促进勤俭、文明和艺术的人，则重新调整我们的道德观点和政治观点，并且把以前认为有害的和应当谴责的东西说成是值得称赞的或无辜的。

因此，总的来说，似乎不能否认，没有任何东西能比高尚的慈善情感更能赋予人以价值，它的价值中至少有一部分是从它有助于促进人类利益，给人类社会带来幸福的倾向中产生出来的。我们看到了这种品格和气质所产生的良好后果，而且凡是具有那样有益影响的，并倾向于达到那样令人满意结果的品格和气质，都会带来惬意和快乐。我们既不能认为社会美德是没有慈善倾向的，也不能把它们看成是贫乏而毫无效果的。人类的幸福、社会的秩序、家庭的和睦、朋友之间的互相支持，都永远被认为是那些美德温柔地支配人们的胸怀而引起的。

社会美德的价值中有多大部分应归于它们的效用性，以及这一情节为什么会如此博得我们的尊敬和赞许，对这些问题，我们将在后面的探讨中更好地考察。①

---

① 分别见第三、四章和第五章。——原注

第三章　论正义

第一节

正义对社会是有益的，因此，它的部分价值至少应从这种考虑中产生出来，要对这一点进行证明是多余的。社会功利是正义的唯一源泉，对这种德所产生的有益后果的思考，是它的价值的唯一根据。这个命题比较新颖和重要，因此更值得我们进行考察和探讨。

我们假设自然给了人类一切丰富的外部的便利条件，以至于我们不需要任何操心和劳作，人人都可以毫无疑问地充分得到最贪图或最奢想得到的一切东西。那么，我们将设想，在那个时候，人的自然美会压倒一切后来获得的装饰美。四季常温的气候使一切衣物铺盖毫无用处，天然的植物为人提供了最美味的食品，清澈的泉水是最丰润的饮料。任何劳苦的工作都是不需要的：不需要耕作，不需要出海航行。吟歌赋诗和沉思冥想是唯一的事业；谈论、说笑和交友是唯一的消遣。

似乎很明显，在这样的幸福国度里，其他一切社会美德都会盛行起来，并获得十倍的发展，而需要小心谨慎对待的正义这个德却连一次也不会被人梦想到。因为如果每个人都已获得了充足的物品，对物品进行分配还有何意义呢？如果任何侵害行为都不可能发生，为什么还要确立财产权呢？如果某件物品被人拿走了，而同样价值的物品唾手可得，那我为什么还要称这件物品是我的呢？在上述情况下，正义是毫无用处的，它乃是一种空洞的礼仪，不能被列入德的项目之内。

我们知道，即使在人类当前贫困的条件下，如果自然无限充足地提供了任何便利，我们也总是把这便利共同地留给全人类，不会再对它做出权利和财产方面的划分。水和空气尽管是一切生物最必需的东西，但是我们不能要求把它们作为个人财产；任何人都不会因为大量耗用和享受这些天赐之物而犯有不义。在沃土无垠、人口稀少的国家，人们对土地持有同样的看法。那些主张海域自由通行的人最极力支持的一个论点就是海洋可以无穷无尽地用于航行。可是，由航行获得的利益却不是无穷无尽的，因为这种利益若真是无穷尽的，持那种推理的人就没有任何论敌需要反驳了，也不会有任何海洋独占权的要求被提出来。

在某些国家和某些时期，可能会出现这样的情况，如果土地十分辽阔，超过了居民所使用的数量，而水十分匮乏，难以找到，于是水就被确认为是财产，而土地不是。①

我们还可以假设：虽然人类必需的生活条件仍和现在所说的一样，但是人的思想大大开阔了，充满了友谊和慷慨之情，

———————————

①《圣经》，"创世记"，第13章，第21章。——原注

以至于每个人都非常体贴他人，都感到关心同伴的利益与关心自己的利益是一样的，那么似乎很明显，在这种情况下，由于有了如此广泛的慈善，正义就不再有用了，人们也从不会想到对财产和责任做出划分和限制。如果我知道别人已经在那种强烈倾向的驱使下为我谋福利，而且他自动从事我所希望的服务，只要他因此付出的代价不大于我所多得的利益，那我为什么要用契约或允诺来约束那个人，让他给我以任何帮助呢？在那种情况下，他知道，由于我天生的仁慈和友情，我应当是最反对他轻率做出慷慨行为的人。如果我从心里没有把我和邻人的利益划分开来，而是与他同样强烈和深切地共享悲欢，就好像那原本就是我自己的悲欢一样，那么，我为什么要在我和邻人的土地之间立起一块界碑呢？按照这个设想，每个人都是他人的心腹之交，因此每个人都会把自己的全部利益托付给他人任意处置，这里没有任何妒忌，也不需要做任何利益的分割和区分。于是，全人类组成了唯一的一个家庭。在这个家庭里，一切物品都是公共的，人人都可以自由使用，与任何财产权无关。而对于每个个人的必需品也要给予认真而充分的考虑，就好像最密切地关心我们自己的利益一样。

在目前人类心灵的素质中，也许很难找到这种博爱的完美事例，但我们仍然可以注意到，家庭的情况是与此相近的，而且家庭各个成员之间的互相慈善之心越强烈，就越接近于那种博爱，直至他们之间的一切财产划分在很大程度上消失或混同起来了。根据法律，夫妻之间的情谊结合被认为是非常牢固的，以至于可以取消夫妻之间的一切财产划分，而且，这种结合实际上也常常具有归之于它的那种力量。值得注意的是，在由此新产生的狂热气氛中，当各种原则都被鼓吹到无以复加的地步时，人们往往觊觎共有的物品，而且人们出于自私自利之心（复发了的或原来掩饰着的），感到物品共有的种种不便，只有这种经验可以使轻率的狂热之徒重新采纳正义的观念和独立财产权的观念。所以，十分正确的是，正义这个德完全是由于对人类的交往和社会化状态有必不可少的用处，才获得其存在的。

为了使这个真理更明白，让我们把前面的假设倒过来设想一下，并把每一件事情都推到相反的极端，看看这些新的情况会产生什么样的结果。假设一个社会缺少各种公共的生活必需品，以至于任何勤劳和节俭都无法使大多数人免于穷困，无法使全人类免于极端的痛苦，那么，我相信，人们很容易承认，在这种严重危机的情况下，有关正义的严格法律是无法发挥作用的，它会让位于对危境和自保方面的考虑，这种考虑的动机是更为有力的。当船只失事以后，落水的人抓住所能抓住的任何救生器具，而不考虑这些器具以前是谁的财产，这难道有什么罪么？如果一座城市遭到围困，居民都濒于饿死，这时我们怎么能想象人们会看着眼前储藏着的食品，却又犹豫再三地考虑在其他情况下平等和正义的规则是怎样的，以至于因此被饿死呢？正义这个德的用处和趋向是通过维护社会的秩序来获得幸福和安全。而当这个社会由于极端的危机而濒于灭亡，人们就不会担心由暴力和非义带来的更大罪恶了，这时每一个人都会采取能慎重把握的，或人性所允许的一切办法去养活自己。民众即使在生活必需品不十分紧迫的情况下，也会不经所有者的允许而打开粮仓。按照恰当的设想，行政当局如果平等行事，也可能会那样做。但是，如果真有一些人不受法律和民事司法权的约束而聚集在一起，那么，在饥馑的时候，即使这些人靠强力甚至暴力实现了食物的平等分配，我们又怎么能认为这是罪过或有害的呢？

我们可以同样假设，一个有道德的人命中注定落入暴徒的社会中，远离了法律和政府的保护，那么在这种可悲的处境下，他应当如何行事呢？他看到，到处是极端的贪婪，人们忽视公平，藐视秩序，对将来的后果愚昧无知，这些必定会直接造成最悲惨的结局，最后必定是大多数人的毁灭和其他那些人的社会的彻底崩溃。这时，这个有道德的人没有别的办法，只有用从任何人手中夺过来的利剑和盾牌将自己武装起来，做好一切自卫和自保的准备。这时，他对正义的特别关注对他自己或对他人的安全都不再是有用的了，他应当考虑的仅仅是做到自保，不需要关心那些不再值得他关心和注意的人。

即使在政治社会中，如果一个人因为犯罪而受到公众的谴责，他就要在财物和人身方面受到法律的制裁。也就是说，正义的通常规则对他暂时不起作用了，为了社会的利益对他进行惩罚是很公平的，如果不是出于这个理由对他进行惩罚，他就会受到冤屈和伤害。

公开的战争是疯狂而猛烈的。交战各方都看到，正义这种德现在对他们没有任何用处或利益，因此战争各方除了把正义束之高阁还会怎么样呢？于是，战争的法则代替了公平和正义的法则，成为对人们所在的那个特定国家的利益和功利进行计算的规则。而如果一个文明国家与野蛮人交战，后者甚至连战争的规则也不遵守，那么，前者对此时已不起任何作用的战争规则也不应当遵守，并应在每一次行动或冲突中尽可能沉重而致命地打击首批入侵者。

因而，公平或正义的规则完全依赖于人们所处的特定状态和条件，它们的发生和存在是由严格而经常地遵守这些规则给公众带来的功利所决定的。如果我们在任何重要方面把人们所处的条件变得完全相反，比如，人们要么生产了极端丰富的物品，要么产品极端贫乏；要么在人心中怀有最大的宽厚和仁爱，要么充满了极端的贪婪和恶毒，在这各种极端的情况下，正义就变得完全无用了，因此你就完全破坏了它的本质，取消了它要求人类承担的任务。

通常的社会状况处于所有这些极端情形的中间状态。我们自然而然要偏向于我们自己和我们的朋友，但也能知道由比较公平的行为带来的益处。自然公开而慷慨地向我们提供的乐事是很少的，但是我们从艺术、劳作和勤奋中可以得到许多快乐。于是，财产权的观念在一切文明社会中变成必不可少的，正义由此而变得对社会有用了，而且仅仅由此，正义的价值和道德责任才出现了。

上述这些结论是非常自然而明显的，甚至在诗人对黄金时代或萨图恩①统治时期幸福生活的描述中也提到它们。如果我们相信那些动人的传说，那么可以知道，在那个最原始的时代，四季温和，人们没有必要为抵御酷暑严寒而制备衣物和住房。河流中流淌着酒和乳汁，树上产出了蜜糖，自然自动提供出最精美的食品。这些还不是那个美好时代的主要优点。那时，不

---

① 根据希腊神话，黄金时代指神克洛诺斯（Cronos）统治的时期。萨图恩是罗马神话中的农神，即克洛诺斯。

但自然界中没有暴风雨，而且，人们也不知道现在引起如此喧器和混乱的心中的暴风雨，这些暴风雨比自然界中的暴风雨更猛烈。那时，人们从未听说过贪婪、野心、残忍和自私。他们心灵所熟悉的只是真诚的爱、怜悯和同情等活动。在这些幸福的人中，即使你的和我的这样细小的区分也不存在，而正是这种区分带来了财产权和责任、正义和非义的概念。

诗歌中关于黄金时代的虚构，在某些方面与有关自然状态的哲学的虚构是一致的，只不过前者描述的是人们所能想象到的最美好、最太平的情况，而后者刻画的是人们彼此进行战争和实施暴力的状态，这种状态带来了最严重的危难。关于人类的最初起源，我们被告知，人们的愚昧野蛮的本性是很普遍的，使得他们互不信任，必须依靠自己，依靠自己的力量和狡诈来求得保护和安全。他们从未听说过任何法律，不知道任何正义的规则，没想过任何财产的划分。强力是公正的唯一尺度。一切人反对一切人的长期战争是由人的无约束的私欲和野蛮引起的。①

---

① 这个关于人类的自然状态是战争状态的虚构，并不像通常所说的那样是由霍布斯先生最先提出来的。柏拉图的《理想国》第二、第三和第四卷中极力驳斥与此十分相似的假设。西塞罗则相反，他在下面一段话中认为这种自然状态是确实的，并得到普遍的承认："诸位法官大人，自然对事物做了那样的安排，以至于在从前，当自然法和民法还未制定的时候，人们在乡间到处游荡，凭借体力和暴力伤害，把一切能抢夺到手的东西占为己有，对此你们有谁会不知道呢？而由于那种情况，那些最先出现的，品格和理智方面出类拔萃的人，在考察了人类特有的学习和理解方法之后，在某个地方把那些游荡的人召集起来，把他们从野蛮

人性的这样一种情况是否可能存在过，或如果存在过，是否能持续那样长一段时间，以至于称得上为一种状态，对这些可以正当地提出疑问。不过，人至少一定是生于家庭社会中的，是由父母按照某种行动或行为准则培养起来的。但是，应当承认，如果这样一种互相进行战争和实行暴力的状态确曾存在过，那么，由于此时正义的一切法则都是绝对无用的，因此一个必然而无误的结果就是：这些法则被停止使用了。

我们越是变换我们对人生的看法，越是从新颖独特的方面观察人生，我们就越是相信，这里所说的正义之德的起源是真实的、可以赞同的。

假如有一种生物和人相处在一起，尽管它们是有理性的，但是不论在体力上还是在心力上都很纤弱，以至于不能对人做任何反抗，即使它们被深深激怒了，也不会让我们感到它们的不满。我认为，在这种情况下，必然的结果是，我们应当在仁爱法则的约束下温和地对待它们。但严格地说，我们这样对待它们，并非受到对这些生物的正义的约束，它们除了专断的主

的生活状态引导到一种守法的生活中来。然后通过神圣人权的发现，他们又对有关共同利益的事项（我们称之为'国事'）、集合起来的一群人（后来称之为'政治团体'）、房屋的聚集地（我们称之为'城市'）提供保护。没有任何东西能像公理和强权那样把这种具有高雅文明的生活方式同别的粗野的生活方式分离开来。这两者中我们忽略了任何一个，则必定会采用另一个。如果我们想要清除强权，那么公理，即包含一切权利在内的判断，就会盛行起来。假如这些判断是不能接受的，或根本就没有任何判断，那么，强权就必定成为主宰。对此每个人都是知道的。"西塞罗：《致塞斯图》，第42节。——原注

人之外，没有任何权利和财产权。我们同它们的交往不能被称作有某种平等含义的社会交往。在同它们的交往中，一方是绝对的命令，另一方是一味的服从。我们想要它们的任何东西，它们都必须马上相让。只有经我们允许，它们才有权占有物品，它们要能约束我们无法无天的意志，只有靠我们的同情和仁慈。既然我们在运用已经在自然中牢固建立起来的权力时不会有任何不便，所以在我们和它们的不平等的联合体中，财产和正义方面的约束完全是无用的，因而没有任何地位。

　　这里所说的完全是人对之于动物而言的情况，这些动物能说有多少理性呢？我把这个问题留给别人去判断。文明的欧洲人比野蛮的印第安人有很大的优越性，这促使我们把他们当成与那些动物一样，以此来想象我们自己，并使我们在对待他们时将正义乃至仁爱的一切约束都抛弃掉了。在许多国家，女人变得像奴隶一样，她们不得具有她们傲慢的主人所不容许的任何财产权。尽管男人在团结起来时有足够的体力在一切国家维持这种严酷的暴政，可是，他们的女伴是非常妖媚、殷勤和迷人的，以至于女人们一般都能打破男人的联盟，与男人分享社会的一切权利和特权。

　　假如人类的天生构造使每一个人都内在地具有保存自己和繁衍他那种人的一切必要的能力，如果最高造物主本来就打算割断人和人之间的一切社会交往，那么似乎很明显，如此孤独的存在物既不能进行社会性的谈论和交际，也不能行使正义。如果人和人之间的互相尊重和克制是毫无目的的，那么这些尊重和克制就不会给任何有理性的人的行为以指导。感情的发展进程会由于不考虑将来的后果而遭受挫折。而这里每一个人都应该只爱自己，只依赖于自己和自己的活动去寻求安全和幸福，因此在任何情况下，他都会全力使自己优越于在本性和利益上与他没有任何联系的其他一切人。

但是，假定两性的结合已经在自然中确立起来，家庭就马上产生了，而且人们发现有些特定的规则对于家庭的存在是必不可少的，于是就马上接受了这些规则，尽管这些规则的规定不包括家庭之外的其他人。假定若干家庭结合成与其他一切家庭完全脱离的社会，那么，那些用以保持和平和秩序的规则就扩大到那个社会的整个范围。但如果那些规则被用于那个社会之外一步，就会变得毫无用处，因而失去其力量。如果我们再假定，若干不同的社会为了相互的方便和利益保持着一种交往，那么，正义的适用范围也就随着人们视野的扩大和相互联系力的增强而扩大了。历史、经验和理性充分告诉了我们人类情感的这个自然发展的进程，并且告诉我们，随着我们对正义这个德的广泛效用的了解，我们对这个德的关注也逐渐加强了。

第二节

如果我们考察用来指明正义和确定财产权的那些特殊的法律，我们仍将看到同样的结论。人类的利益是所有这些法律和规则的唯一目的。将人的所有权划分开来不但对于社会的和平和利益是必不可少的，而且，我们也可以对划分所依据的规则进行最佳设计，以便更加有助于社会的利益。

我们假设有一个生物，他具有理性，但不通晓人性，如果他独自考虑何种正义和财产的规则最能促进公众的利益，最能在人类中建立起和平和安定，那么他最明确想到的就是最大限度地获得最广泛的德，并使每一个人都具有与其意愿相应的做善事的能力。在由一个全智的存在根据特定的意志实行统治的完全神权的国家里，这个规则肯定会有其地位，也许有助于达到最明智的目的。可是，如果人类果真实行这样一条律法，由于它本来就很含糊，又由于各个人的自命不凡，所以它的价值是很不确定的，以至于它从不会产生任何确定的行为规则，它的直接结果必定是社会的彻底崩溃。狂热信奉这条律法的人可能会认为，统治权是建立在神恩上的，只有圣徒来继承土地。①可是对于这些崇高的理论家，行政官会十分公正地把他们与普通的盗贼同等看待，而且在教育他们时根据的是一条最严格的戒律：一个规则想起来可能对社会是最有利的，然而可以发现，它在实行起来却完全是有害的和破坏性的。

我们由历史可知，在英国内战期间就有这种宗教的狂热者存在，虽然可能因为这些原则的明显倾向在人们中激起极大的恐惧，迫使那些危险的狂热者很快放弃，或至少掩饰起他们的信条。那些要求财产公平分配的平等派是一种政治的狂热者，他们是从宗教狂热者中产生出来的，并且更加公开地申明他们的主张，这些主张既对人类社会有益，本身又是可行的，因此看起来似乎更合理。

---

① 参见《圣经》"罗马书"，第六章，第 14 节："罪必不能作你们的主，因你们不在法律之下，而在神恩之下。"《圣经》"诗篇"，第三十七篇，第 29 节："义人必承受土地，永居其上"。

我们确实应当承认，自然对人类是很慷慨的，所以，假如它所提供的一切能在人类中平等分配，并借人类的技艺和勤奋加以改进，那么，每一个人都会享有各种生活必需品，乃至过上十分舒适的生活；他们也不会轻易生病，除非是由于身体结构有毛病而偶然引起的。我们还应当承认，只要我们违反了这种平等，那么在不平等的分配中，我们从穷人那里夺去的利益要比给富人增加的利益更多。而且，一个人为了满足于一点无聊的虚荣心，却往往不止以许多家庭的口粮，甚至要以疆土的丧失为代价。由于平等的规则是十分有用的，所以看起来它不会是完全不能实行，而且至少在不太完善的程度上，已经在某些共和制国家中实行了，尤其在斯巴达，据说在那里，平等的规则带来了非常有益的后果。至于在罗马被反复要求、许多希腊城邦曾经实行过的土地法，就更不在话下了，这些法都是从有关这个原则的效用性的基本概念出发的。

但是历史学家，甚至常识则会告诉我们，不管完全平等的概念看上去多么合理，实际上它们归根结底是不能实行的。而假如真的实行起来，也会对人类社会产生极大的危害。即使我们让人们的占有物完全相等，但由于人们的技艺、关注和勤劳的程度不同，这种平等也很快会被打破。而如果你压制人们在技艺、关注和勤劳方面的优点，你又会使社会陷入极度的贫困，你不但不能防止少数人缺吃少穿沦为乞丐，而且会使整个社会都不免于此。要使每一个不平等的现象刚一出现就能看到，还必须有最严密的调查。要对不平等进行惩罚和纠正，还必须有最严厉的司法。可是，另一方面，这个庞大的权力必定会很快堕落为暴政，并滥施不公。在这里设想的情况下，谁能拥有这个权力呢？占有上的完全平等破坏了一切从属关系，因而极大地削弱了行政长官的权威，而且肯定会把财产权以及一切权力都降低到差不多同样的水平上。

因此我们可以作出结论，为了建立规定财产权的法律，我们必须了解人的本性和状况，必须排除貌似合理而可能虚假的表象，必须寻找那些总体上最有用、最有益的规则。要做到这一点，人们只要不屈从于过分利己的贪婪，不屈从于过于广泛的狂热，仅凭普通的感觉和少许的经验就足够了。

例如，凡是一个人用技艺或勤奋所创造和改进的东西，应当永远确保是属于他的，以鼓励这样有用的习惯和技能；为了同样有用的目的，一个人的财产权也应当遗留给他的子女和亲属；为了创造对人类社会十分有益的商业交往，财产权可以经同意而转让；人们的互相信赖非常有助于促进人类的普遍利益，为了使这种信赖得到保证，应当认真履行一切契约和承诺。对于以上种种道理，又有谁会不知道呢？

研究自然法则的作者们总是会发现，无论他们以什么原则出发，最后都一定会以人类的便利和需要为终极理由。在反对制度的情况下，以这种方式取得的让步，比在支持制度的情况下取得的让步更有权威。

自然是不听命于任何人的，既然它肯定未把物品分成你的和我的，那么为什么这件东西应当是我的，那件东西应当是你的呢？对此那些作家究竟能提出什么其他的理由呢？我们用你的、我的来称呼的那些东西本身与我们并无关系，它们与我们是全然分开的，只有普遍的社会利益可以把我们和它们联系起来。

有时，社会利益可能需要有一个在特殊情况下的正义规则，可是人们无法在全部同样有益的若干规则中确定出任何一个特殊的规则。在这种情况下，我们就要对这些规则作最细致的类比，以防止它们模糊不清，因为这是引起长期争论的根源。于是，我们认为，只有独自的占有和原始的占有才带来其他任何人都不能先行要求的财产权。律师们所作的许多推理都具有这种类比的性质，并且依赖于想象中的非常细小的关联。

在特殊情况下，完全不顾个人的私有财产，为了公众利益牺牲本来为那同一个利益而确定的财产划分，对于这样做难道还有什么人会犹豫不决吗？人民的安全是最高的法律，其他一切特殊法律都是从属于它、依赖于它的。而如果在事物发展的一般过程中，人们遵守并尊重这些特殊的法律，那只是因为，公众的安全和利益通常需要这样平等公正的安排。

有时，不管是效用还是类比都不能用作根据，因而使正义的法律完全处于不确定状态。这时根据使用时效或长期占有来决定财产权就是非常必要的了，可是，多少天，多少月，多少年才是足以用来决定财产权的期限呢？对此单靠理性是无法确定的。在这里，民法代替了自然法典，它根据立法者提出的不同的效用，给长期占有的时效规定了不同的期限。按照大多数国家的法律，汇票、期票的有效期要比比较正式的债券、抵押契据、契约短一些。

我们一般可以说，一切关于财产权的问题都是服从于民法的，民法根据每个社区特殊的便利条件对自然的正义规则进行扩充、限制、修正和改变。法律与每一社会的政府构成、生活方式、风尚、宗教、商业、社会状况等有永恒的关系，或应当有这种关系。一位博学而天才的已故作家曾详尽地谈到这个问题，并从这些原则出发建立起一个政治知识的体系，这个体系充满了机智而光辉的思想，而且不乏可靠性。[①]

什么是一个人的财产？凡是他而且唯独他能合法使用的任

---

① 这里指《法的精神》(*L'Esprit des Loix*) 的作者。不管怎样，这位杰出的作者叙述了一个不同的理论，并假定一切权利都是建立在某种联系或关系上的。在我看来，这个体系不可能与真正的哲学相一致。就我所知，马勒伯朗士（Malebranche）神父最先提出这个抽象的道德理论，后来被库德渥滋（Cudworth）、克拉克（Clarke）以及其他人所采用。而由于这个理论排除了一切情感，自称把一切都建立在理性之上，所以在当今这个哲学时代不乏追随者。请见本书第一章和附录一。就这里所讨论的正义这个德而言，我为反对这个理论所做的推理似乎是简短而有结论性的。我认为，财产权依赖于民法，民法的目的不是别的，只是社会的利益。因此，必须承认这就是财产权和正义的唯一根据。更不用说，我们服从行政长官及其法令这个义务本身，也完全是以社会利益为根据的。

如果有时正义的观念与民法的处置不一致，我们将发现，这种情况非但不违背，而且肯定了上面提出的理论。如果一条民法是非常错误的，违背了社会的一切利益，那么它就失去了它的一切权威，人们就依照和社会利益相一致的自然正义的概念去作出判决。有时出于实用的目的，民法对于任何行为都需要一种仪式或形式，而在这方面采取推诿的人，通常也被认为是不诚实的人。因此，社会利益要求履行契约，而且不管是自然的正义还是民事的正义，没有哪项条款比这一条更具实质性。而根据法律，契约细节上的疏忽也不会像神学家所说的那样往往使契约在人的法庭上，而非在良心的法庭上失效。在这种情况下，行政长官只应收回他行使这个权利的权限，而不是改变这个权利。如果他的打算扩及这个权利，而且他的打算和社会利益是一致的，那么，他不是不能改变这个权利。这是对前面所指出的关于正义和财产权起源的一个明显的证明。——原注何东西都是他的财产。但是，我们能对这些东西进行区分所依据的规则是什么呢？这里我们必须求助于法令、习惯、先例、类比，以及成百的其他条件，其中有些是永恒不变的，有些是可变的、任意的。但是它们全部自称以人类社会的利益和幸福为最终落脚点。如果不考虑这一点，那么就没有什么能比有关正义和财产权的全部或大部分法律更显得荒诞、反常甚至迷信的了。

有些人嘲笑庸俗的迷信，揭露人们在肉类食品、日期、地点、姿势、衣着等方面种种特殊考虑的愚蠢性。这对他们并不是难事，他们考察了这些事情的全部性质和关系，并且发现，对很多人有巨大影响的喜爱或厌恶、崇敬或恐惧等情感，实际上并没有恰当的原因。叙利亚人宁可饿死也不食鸽肉，埃及人从来不沾猪肉。可是，如果我们用视觉、嗅觉和味觉来体验这些食物，或者用化学、医学、物理学的方法来检查它们，就会发现，它们同其他肉类并没有什么不同，我们也无法确定能够为那种宗教情感提供恰当根据的确切情节是什么。在星期四吃禽肉是合法的，在星期五吃就是可鄙的；在大斋日，在这个教区和这所房子里吃鸡蛋是允许的，而在离此一百步远的地方吃鸡蛋就成了可咒的罪过。昨天此地此屋还是卑俗不堪的，而今天由于有人对它念念有词就成了神圣之地。人们可以有把握地说，上述那样的想法由一位哲学家口中说出来，是非常明显的，明显到没有任何影响，因为这是每个人一看到那些情形就总会想到的。而如果这些想法未能自发地流行起来，那肯定是受到了教育、偏见、情感上的阻碍，而不是由于无知或错误造成的。

如果我们漫不经心地，或者过于抽象地看问题，那么，似乎在一切正义的情感中都有相似的迷信掺入，而且如果一个人用感觉和科学对正义的对象，或我们所说的财产权，进行同样的考察，他即使做了极其精确的研究，也找不出由道德情感造成的那种差异的任何根据。我们可以合法地采食这棵树上的果子养育自己，而在十步之外另一棵同样树上的果子，只要触摸了就是犯罪。我如果在一小时前穿了这件衣服，我就应受到严厉的惩罚，而当一个人念了几句咒语之后，我现在就可以穿用了。如果这所房子坐落在邻国的领土上，我要住进去就是不道德的；但如果它建在河的此岸，它就受不同国内法的支配，于是这房子就成了我的，我住进去就不会招致责备或非难。人们可能会认为，此类推理非常成功地揭露了迷信，它也可以用于说明正义。在这两种情况下，我们都不能在对象中指出作为情感的根据的那个确切性质和情节。

迷信和正义的重要区别在于：前者是浮华的、无用的、累赘的，后者对于人类的幸福和社会的存在是绝对不可缺少的。如果我们没有注意到这个情节（这个情节是十分明显的，我们不会忽略），我们就必须承认，对于权利和财产权的一切考虑似乎是完全没有根据的，如同对最粗俗的迷信的考虑似乎完全没有根据一样。如果我们一点儿也不考虑社会的利益，我们就难以理解为什么另一个人发出的表示同意的声音会改变我们对一个特定对象的活动的性质，这就好像我们难以理解为什么一个牧师要在礼拜仪式上以某种习惯和姿势对一堆砖石木料做出吟诵，并使这堆砖石木料此后永远都是神圣的。[1]

---

① 很显然，单凭意愿或同意既不能实现财产权的转让，也不能产生许诺这个义务（因为同样的推理可以适用于这两种情况），而为了对任

这些反省不会削弱正义这个责任，或减少我们对财产权的

何人有约束，这个意愿必须用词句或记号表述出来。对意愿起这种辅助作用的表述一旦提出来，马上就变成了许诺的主要部分。一个人即使暗地里改变了主意，心里不再同意了，他也仍然受他的诺言的约束，尽管在大多数情况下，这种表述构成了许诺的整体，却也不总是那样的。如果一个人使用了任何一种表述，但他并不知道这个表述的意义，他运用这个表述时并不了解它的后果，那么，他肯定不受这个表述的约束。而且，即使他知道这个表述的意义，但他用这种表述只是开个玩笑，并且有明白的迹象表明他并不真想以此约束自己，那么，他就不承担任何履行许诺的义务。而诺言乃必须是意愿的完整表述，不带有任何相反的迹象。即使有了那种相反的迹象，我们也不应进而认为：既然我们根据某些迹象敏锐地猜到他打算欺骗我们，那么，就算我们接受了他的表示或书面许诺，他也不会遵守。我们应将他不会遵守许诺的结论限于下面的情况来理解，即那些迹象具有与欺骗迹象不同的性质。对于所有这些矛盾，如果根据正义完全产生于对社会的有用性，就很容易解释，而如果根据其他任何假设，都是无法说明的。

值得注意的是，耶稣会士和其他不严密的诡辩家所作出的道德决定，通常是用这里所指出的这种细致推理形成的，如果用培尔先生的说法，它们既是由心灵的腐败中产生出来的，也是由经院学家追求烦琐论证的习惯中产生出来的。（请参看他的《历史批判辞典》"罗耀拉"条。）这些诡辩家之所以激起人们的极大义愤，不就是因为人人都看到，如果允许他们那样行动，人类社会就无法生存，而道德应当永远从公众利益而不是从哲学的规则来着眼吗？每一个通情达理的人都会说，如果心中的暗自打算可以使契约无效，那么我们的安全何在呢？形而上学的经院学家可能会认为，当一种打算被认为是必不可少的，而如果这种打算实际上并不起作用，那么就不应由此推出任何结论，也不应由此而承担任何义务。这里的诡辩可能同前面暗示的法学家的推理同样微妙，但是，这里的诡辩是有害的，前面的推理是无害的，甚至是必需的，这就是为什么它们

最神圣的关注。恰恰相反，这样的情感必定从我们目前的推理中获得新的力量。对于任何一种责任，如果它的根据是：我们若不确立这种责任，人类社会，甚至人性都不会存在，而且我们对这种责任的重视越是坚定不移，人类社会就越能达到更大的美满幸福，那么，我们还能希望和构想何种比这更重要的根据呢？

这里的两难问题似乎是很明显的：既然正义显然具有促进公共利益和维持市民社会的倾向，所以，正义的情感要么是从我们对这个倾向的反省中产生的，要么就如同饥渴及其他欲望一样，如同对生活的愤懑、热爱，对子女的依恋等情感一样，是从人心中一种单纯的原始本能产生的，这种本能是自然出于同样良好的目的而植入在人心中的。如果情况是后者，那么就可以得出，作为正义之对象的财产权也是根据单纯的原始本能来区分的，而不是用任何论证或反省来确定的。但是，有谁曾

会受到世人完全不同对待。

教士可以因其有秘密的打算而使他的任何庄严的誓言无效，这正是罗马教会的一个教义。这个见解是严格一贯地按照如下的明显真理得出来的：如果说话者所说的仅仅是空洞的词，不带有任何意义或意向，那么这些词不能产生任何效果，如果这同样的结论在有关民事契约的推理中不被接受（人们认为，在民事契约中，此事远不如千万人最终获得拯救那么重要），那么，这完全是由于人们感到在民事契约的情况下，这个学说是危险的和不方便的。于是我们可以认为，任何迷信，不论看起来可能多么肯定、多么嚣张、多么独断，它都不能带来对于其对象的实在性的任何彻底的信念，也就是说，它们在任何程度上都不能和我们从日常观察和经验推理中得知的普通的生活实践相提并论。——原注

听说过这样一种本能呢？我们最好还是寄希望于在人身上发现以前无人注意的新感官吧。

可是进一步来看，虽然自然根据本能的情感来区分财产权的说法好像是一个非常简单的命题，而实际上，我们会发现，要做到这一点，需要有成千上万种不同的本能，它们用于区分各种极端复杂、细致难辨的对象。因为当我们要对财产权作出规定，就会发现，这种财产关系可以分解成通过占领、辛勤劳动、使用时效、继承、契约等方式获得的任何占有权。我们怎么能认为自然借着一种原始的本能就告诉我们所有这些获得方式呢？

继承权和契约这些词也代表着极为复杂的观念。我们发现，要给它们作出精确的定义，即使成百卷的律法，成千卷的注释，也是不够的。既然自然在人身上体现出的本能都是单纯的，那么，自然难道会接受如此复杂的人为的东西，并创造出一个连她自己也不相信其理性活动的理性生物来吗？

而即使借本能来区分财产权的说法完全被人们承认，它也不能令人满意。我们肯定可以根据成文法做到财产权的转让。我们承认国王和议会的权威，并明确了他们的法律权限，但我们这样做是否要凭借另一种原始的本能呢？对于法官们来说，即使他们的判决是错误的、不合法的，可是，为了维持和平与秩序，我们也必须承认他们有决定性的权威，允许他们来最终确定财产权。我们是否有关于执政官、司法官和陪审团的原始的天赋观念呢？有谁会看不到所有这些机构完全是由于人类的必需而产生出来的呢？

在一切时代和一切国家，所有同一种鸟类筑造的巢穴都是一样的，由此我们看到了本能的力量。人在不同的时代和地方，构筑的房屋是不一样的，在此我们看到了理性和习惯的影响。从对生殖本能和财产制度的比较中，我们可以得出同样的推断。

不管国内法如何千变万化，我们必须承认，它们的主要原则是非常规则一致的，因为它们所要达到的目的在任何地方都是精确相似的。同样，一切房屋都有房顶和墙壁、窗户和烟囱，尽管它们的形状、图案、材料是多种多样的。房屋之所以这样，其目的是为了人类生活的便利，这种便利的根源显然不能在理性和反省中找到，而国内法也全都是指向同样目标的，对于它们的根源也同样不能从理性和反省中发现。

我没有必要去讲述由于想象的微妙变化和联系，由于法律问题和推理的细致和抽象，而带来的全部财产权规则的多样化。要把这方面的意见和原始本能的概念调和起来是不可能的。

只有教育和后天习惯的影响才会让人对我所主张的理论产生怀疑，由于这种影响，我们习惯于谴责非义，以至于在任何情况下，我们都没有意识到要立即反思非义的恶果。正是这个缘故，我们最熟悉的观点却很容易被我们忽略。同样，我们很容易机械地继续做我们出于某些动机经常做的事情，而从来没有回想一下最初对我们起决定作用的那些想法。导致正义的那种便利性，或更确切地说，那种必要性，是非常普遍的，在任何地方，它都指向同样的规则，使得由此形成的习惯在一切习惯中都存在，如果不经某种详细的考察，我们就不能确定它的真正起源。不论怎样，这件事情还是清楚的，以至于即使在日常生活中，我们仍时时诉诸社会功利这个原则，并且提出这样的问题：如果到处都这样行事，世界会变成什么样？在这样的混乱状况下，社会怎么能够存在？假如所有权的区分和分划果真是完全无用的，人们怎么能够想象它竟然被社会接受了呢？

总的来说，我们似乎已经认识到这里所坚持的那个原则的力量，并能够确定从对公共利益和功利的反省中能产生何种程度的评价或道德认可。正义对于维持社会是必要的，这种必要性是正义之德的唯一根据。而既然没有什么道德优点是比正义更受尊重的，于是我们可以断定：总的说来，有用性这个条件具有最大活力，它最能完全控制我们的情感。因此，对于仁爱、慈善、友谊、公益精神以及其他这类社会美德，其价值的很大部分必定来源于有用性，因为有用性是对忠诚、正义、诚实、正直以及其他值得尊重而有用的品质和原则作出道德认可的唯一根据。它和哲学的乃至普通理性的规则是完全一致的，因为这些规则告诉我们，如果我们发现任何原则在一件事上有很大的力量和活力，那么在一切类似例证中都会赋予这个原则以同样的活力。这恰恰是牛顿在进行哲学研究时所依据的主要原则。①

---

① 《自然哲学的数学原理》，第三卷。——原注

第四章　论政治社会

　　假如每一个人都非常明智，以至于在任何时候都能觉察到迫使他奉行正义和平等的那个强大利益，如果每一个人都思想坚定，以至于在任何时候都能克服眼前快乐和利益的引诱，牢固地坚持普遍长远的利益，那么，就不会有政府或政治社会那样的东西存在，而是每一个人都顺从天生的自由，与其他一切人完全和睦融洽地生活在一起。当自然的正义自动具有充分的约束力，成文法还有什么必要呢？如果从来就没有任何混乱或不公正的事情出现过，为什么还要设置官吏呢？如果在每一件事上都可以发现，我们对天赋自由的充分运用是正当而有益的，为什么还要剥夺这种自由呢？显然，如果政府是完全无用的，它就不能有任何地位，而且对政府效忠这个义务的唯一根据是它保持了人类的和平与秩序，从而给社会带来了利益。

　　当许多政治社会被建立起来，并保持大量的交往，人们马上就发现，在那个特定的情况下，一套新的规则是很有用的，于是这些规则就以国际法的名义建立起来了。这种法律如：外交使节的人身不可侵犯，禁止使用有毒性武器，战争中宽待投降者，以及其他这类法律，这些法律纯粹是用于计算各国在相互交往中的利益的。

正义的规则，诸如在个人之间通行的那些规则，在政治社会中并非完全被搁置不用。所有的君主都自称尊重其他君主的权利，而毫无疑问，有些君主是真诚这样做的。独立国家之间每天都在建立联盟和缔结条约，人们若不是凭经验发现这些联盟和条约具有某种影响和权威，各国那样做岂不只是在浪费纸张。不过，在这方面国家和个人也有不同。如果人和人之间没有联系，人性就不会存在，而如果人们不尊重平等和正义的法律，那种联系也不可能有地位。无秩序、混乱、一切人反对一切人的战争，这些是那种放任无忌行为所产生的必然后果。然而，国家不需要交往仍能存在。在某种程度上它们甚至可以在普遍战争的情况下存在。奉行正义尽管对各国是有益的，但各国这样做并没有个人之间那种强烈必然性的保证，道德义务与有用性是成正比的。所有的政治家和大多数哲学家都同意，在特殊紧急的情况下，如果严格遵守条约会严重损害缔约国任何一方的话，国家有理由不执行正义的规则，并使条约或结盟无效。而对于个人违反承诺或侵犯别人的财产权，人们承认，只有在极端必要的情况下才能被证明是正当的。

在联邦制国家中，像古时候的亚加亚（Achaean）共和国①，或当代的瑞士联邦和尼德兰联省，由于这种联合体有特殊的效用，这种联合状态就变得特别神圣和具有权威性，对它们的破坏被认为不亚于对任何个人的伤害或不公正，甚至是更严

---

① 公元前 3 世纪古希腊亚加亚地区的城邦联盟。

重的罪过。

人有着漫长而不能自助的幼年期，这就需要父母为抚养他们的幼子而结合起来，而父母的这种结合要求对婚姻关系有贞操或忠诚这个德。人们很容易承认，如果这里没有抚养子女这个效用，人们是绝不会想到这个德的。①

在这方面的不忠，女人比男人更有害。因此，关于贞操的法规对女性要比对男性更严厉。

这些规则全都是与生育有关的，然而，已育妇女同那些美丽少女一样不应免于这些规则。普遍规则往往超出它们最初提出时所依据的原则之外，这种情况在一切趣味和情感的问题上都存在。在巴黎有一个通俗的故事，说的是在密西西比投机风潮中，一个驼背人每天到证券经纪人云集的坎桑布瓦大街（Rue de Quincempoix）让人们用他的背当桌子来签署契约，因此得到很高的报酬。人们虽然承认人格美很多是从功利观念中产生出来的，可是在这个故事中，驼背人用那种办法增长的财富会

---

① 柏拉图在他虚构的共和国中建立起了女性社会。对于可能对这个社会提出的各种反驳，他的唯一解答是："凡是有用的就是对的，凡是有害的就是错的，这现在是，将来仍然是至理名言。"（《理想国》，第五卷）柏拉图的意思是，就社会功利而言，这个公理是不容置怀疑的。那么，一切有关贞操和淑德的观念又是为了其他何种目的的呢？法德鲁斯（Phaedrus）说："除非我们的行为是有益的，否则我们就是徒有虚名。"普鲁塔克在《论伪淑德》中说："无害的就是正当的。"斯多亚派也持有同样的观点。"斯多亚派说，获益——或只有获益——才是善，'获益'意味着美德和道德行为。"（塞古斯都·恩披里克:《致数学家》，第三卷，第20章）——原注

使他成为一个漂亮的人吗？想象受观念联想的影响，虽然观念联想最初是由判断中产生的，但它们不会因我们碰到的每一个特殊的例外就轻易地改变。对此我们可以补充说，在现在所说的贞操问题上，老年人的榜样对青年人是有害的，而且，女人总是预见在将来某个时候她们就可以任意放纵，所以她们就自然而然地要那个时期提前到来，而较少想到对社会必不可少的全部责任。

如果法律或习俗允许近亲结婚或发生性关系，那么生活在同一个家庭中的人就常常有机会行此放纵，以至于没有任何办法能维持生活方式的纯洁。由于乱伦是极为有害的，因此，它也随之带来了极大的堕落和道德丑恶。

为什么根据雅典的法律，一个人可以和异父姐妹结婚而不能和异母姐妹结婚呢？简单说是因为，雅典人的生活方式是非常严谨的，即使在同一个家庭里，从不允许男人接近女人的房间，除非他到那里去看自己的生母。他的继母和继母的女儿会像其他任何家庭的女人一样将他拒之门外，因而他们之间同样很少有发生罪恶关系的危险。根据同样道理，在雅典，叔父可以和侄女结婚。而在两性交往更开放的罗马，不论是上述关系，还是异父母的兄弟姐妹之间都不能联姻。公共利益是所有这些差异的原因。

如果我们把某人在私下交谈中不经意说出的对他不利的话说出来，或者把他的私人信件中有损于他的话公布出来，那是会受到强烈谴责的。因此，如果不把这种保证互相忠实的规则建立起来，思想上自由的社会交往必定会受到极大的限制。

我们讲述故事时，虽然预先看不出由此会引起任何不良的后果，但如果我们提到了故事的作者，这即使称不上无礼，也会被认为是一种轻率的举动。因为这些故事经过辗转流传，通常各方面都会走样，并往往会传到有关的人那里，在毫无恶意和安分守己的人中造成不和与争吵。

喜欢打听别人的秘密，喜欢拆开甚至偷看别人的信件，喜欢暗中监视别人的言行相貌，社会中还有什么习惯会比这些更引起麻烦的呢？还有什么习惯就其后果而言会比这些更遭人谴责的呢？

这个原理也是人的良好举止所依据的大多数规则的根据，是用于使交际和谈话轻松自如所需要的一种次等的德。过分拘泥礼节或过分不拘礼节都会受到指责，凡是有利于和谐交往，而非下流狎昵的举止都是有益的，值得赞扬的。

在友谊、依恋、亲近等事情方面，持之以恒是值得称赞的，而且对于保持社会的互相信赖和友好交往是必不可少的。这是一条准则。不过，当人们为追求健康和快乐而随意聚到一起，在他们偶尔但一般常聚的地方，公开交往的便利却使那条准则失效了。在那里，习惯会随后充分运用自己的特权，将一切平庸之辈排除在外，同时又不失礼貌和良好举止，从而促进了人们在那个时候的顺畅交往。

有的社会是建立在最不道德、对普遍社会（public society）的利益有极大破坏性的原则上的，但即使在这样的社会中，也需要有某些规则，社会成员受个人利益以及一种虚荣心的驱使而遵守这些规则。人们常常谈到，强盗和海盗如果不在他们中间建立新的关于分赃的公正原则，不重新起用他们对其他人已经破坏了的那些有关平等的法律，那么，他们就不可能保持他们之间罪恶的联盟。

希腊格言说：不会忘却的酒伴是可憎的。为了下一次能开怀畅饮，就应当把上一次酗酒的蠢事永远忘掉。

在有些国家，如果不道德的求爱被蒙上了轻柔神秘的面纱，在某种程度上就可以被习惯所允许，这时为了衡量那种爱慕行为是否恰当，立刻就有一套规则被提出来。过去，在法国普罗旺斯的著名的爱情法庭或议院就对所有这类疑难案件进行裁决。

在娱乐性团体中，游戏活动需要有一些法规。这些法规在各个游戏中是不同的。我承认，这些团体的基础是无聊的，那些法规即使不是全部，也大都是任意武断的。就此而言，这些法规和正义、忠实、忠诚等规则有实质性的区别。人的普遍社会对于人类的生存是绝对不可少的。公众的便利对道德起规范作用，它不容违背地建立在人性中，建立在人所生活的世界的本性中。因此，我们在上述各方面所做的比较是很不完全的。我们只能从这种比较中得知，只要人们有相互交往，就必然要有交往的规则。

如果没有规则，人们在行路时甚至会因互不相让而无法通过。各种马车的驭者在互相让路时都有一些原则，这些原则主要是根据双方行车的快捷和方便。有时，这些原则也是任意的，至少是依赖于一种任意的类比，就像律师所作的许多推理那样。①

---

① 轻型车要给重型车让路，车辆相同时，空车要给载货车让路，这个规则就是以方便为根据的。从首都出来的人要给去首都的人让路，这似乎是根据这样的想法：大城市的地位是尊贵的，而人将来的发展要比

对这个问题作进一步的探讨，我们可以看到，如果没有各种法规、准则和正义荣辱的观念，人们甚至不会去互相杀害。战争同和平一样有其法规。即使在对抗性的运动中，摔跤手、拳击手、棍术赛手之间的搏斗，也有明确的原则来规定。共同的利益和效用可靠地提供了有关各方正确和错误的标准。

过去的经历更重要，因此将去大城市的人要比已经离开大城市的人优越。根据相似的理由，步行者应当靠右侧为墙一边行走，以防止发生谦谦君子们认为十分讨厌和不便的挤撞。——原注

第五章　为什么效用使人快乐

第一节

人们似乎很自然地认为，我们之所以赞扬社会美德，是因为它们具有效用，以至于人们料想，这一原则作为道德学家推理和研究的主要根据，在他们的著作中随处可见。在日常生活中，我们可以看到，人们总是着眼于效用这个条件。人们认为，对任何人所能给予的最大赞扬，无非是表明他对公众的益处，列举他对人类和社会所做的贡献。即使对于一个无生命的形体，如果它各部分的匀称和优美不妨碍它的实用目的，那该多么值得称赞啊！对于任何不协调或看上去丑陋的东西，如果我们能够表明那种特殊构造对于预想的使用是必要的，那么，这对于那个东西该是多么令人满意的辩护啊！对于艺术家或相当精通航海技术的人来说，如果一艘船的船首是宽的，膨出于船尾之外，那么它要比违背力学法则、完全精确地按照几何规则建造的船更美丽。如果一幢房屋的门窗是四四方方的，这个比例就会使人感到刺眼，因为房屋的结构须适用于人，而那个形状不适合于人的体形。所以毫不奇怪，如果一个人的习惯和行为对社会有害，对每一个与他交往的人都造成危险或损害，那么，他就因此成为人们指责的对象，并给每一个旁观者带来强烈的厌恶和憎恨的情感。[①]

在说明有用性及其反面所产生的这些结果时所碰到的困难，也许会使哲学家不允许在他们的伦理体系中提到这些结果，并促使他们宁可用任何其他原则来说明道德善恶的起源。但是，对于任何由经验确定的原则，即使我们不能满意地说明它的起源，不能把它归结为任何其他更普遍的原则，这也不是我们抛弃它的正当理由。如果我们要对现在的论题稍加思考，我们就

---

① 我们不应因为一个无生命的物体可以和人一样有用，就认为根据这个体系，它也应称得上是有道德的。由效用激起的情感有两种十分不同的情况，一种情况是，这个情感同爱情、尊重、赞许等混合在一起，另一种情况则没有这种混合。同样，一个无生命的物体可能具有与人体同样的美丽颜色和匀称比例，但是我们难道会同它发生爱情吗？有许多的感情和情感，具有思维能力的理性存在物因其本性的原始结构而成为其唯一合适的对象。而对于无感觉、无生命的存在物，即使它被移植了与理性存在物完全相同的性质，这些性质也不会激起我们同样的情感。有时我们的确也把药草和矿物的有用性称作它们的德，但这是语言滥用的结果，我们在推理时不应予以考虑。虽然无生命的物体只要有用也会给我们带来满意的情感，但这种情感是很微弱的，与我们向仁慈的长官或政治家抒发的情感是大不相同的，不应把它们列入同一种类或同一名称之下。

对象的细微变化，即使在其性质保持不变时，也会破坏人对它的情感。因而，如果自然不是极端反常的话，同样的美貌被换到异性身上，就不会激起情欲。——原注

有必要毫不含糊地说明效用的影响，并从人性中众所周知和公认的原则把它推演出来。

从社会美德的明显有用性出发，不论是古代还是现代的怀疑论者都很容易作出如下推断：一切道德差别都是由教育中来的，首先是政治家用技巧来发明，后来又助长了的，他们这样做是为了使人们驯服，使人们克制为社会所不容的天生的残忍和自私。至此我们应当承认，这个关于训导和教育作用的原理确实具有强烈的影响，它往往可以超出自然的标准之外加强或削弱喜好或厌恶的情感，甚至可以在特殊的场合下，不需要借助任何自然的原则来创造新的这类情感，这种情况在一切迷信活动和仪式中是显而易见的。但是，任何明智的研究者都不会肯定地认为一切道德的爱或恨都是从这个根源来的。假如自然果真没有造成在心灵原始结构基础上的这种道德差别，那么，可敬的和可耻的、可爱的和可憎的、高贵的和卑鄙的这些词，就不会在任何语言中存在；即使政治家发明了这些词，他们也不能使之明白易懂，或用来给听众传达任何观念。所以怀疑论者的那个怪论是最浅薄不过的，如果我们在逻辑和形而上学的深奥研究中，能像在政治学和道德学等实践的、比较容易理解的学科中一样，轻而易举地消除那个学派的刁难，那就好了。

因此，应当承认，社会美德有一种一开始就先于一切训导和教育的自然美和可亲性，它们使未受教育的人对社会美德也怀有敬意和爱戴。因为这些德的公共效用是它们获得其价值的主要情节，所以可以推断，这些德所趋向于促成的那个结果必定会使我们得到某种满足，必定带有某种自然而然的爱。不论是从自利来考虑，还是从比较广泛的动机和关注来考虑，这个结果都必定是令我们愉快的。

人们常常断言，因为每一个人都和社会有牢固的联系，而且看到他不可能独自生存下去，因此他赞成一切能加强社会秩序，确保他安定地享有巨大幸福的那些习惯和原则。我们越是珍视我们自身的幸福和利益，我们就越是赞成实行正义和仁慈，只有借助于它们，社会的联盟才得以维持，人人才能收获相互保护和相互支持的果实。

从自爱，或从对个人利益的考虑来进行道德推演，是一种很明确的思想，它完全不是从怀疑论者的嬉闹笑骂中产生出来的。我们用不着说到别人，只要提一下波里比奥斯（Polybius）[①]就够了，他是最严肃、最明智的人之一，他同古代的大多数道德学家一样，认为我们的一切道德情感都是以利己为根源的。[②]不过，尽管这位作家具有牢固的实践感，而且讨厌一切空洞的细致讨论，这使得他在当下这个问题上很有权威。但是这个问题并不是靠权威来决定的，由自然和经验方面来的意见似乎是明显反对这种利己理论的。

我们常常赞美在遥远的年代和国家中发生的道德行为，我

---

① 波里比奥斯（前 205 ？—前 123 ），古希腊历史学家。

② 对父母的不敬为人类所不容："他们预见到将来，认定类似的事情将发生在每一个人身上。"他对忘恩负义的看法也依据同样的理由（尽管他在此似乎还有更多的考虑）："他们与其邻人对此感到同样的愤慨，想象这同样的事情也会发生在他们自己身上，于是每一个人都产生了一种关于责任的意义和理论的观念。"也许这位历史学家的意思只是说，由于我们考虑到我们的处境和当事人的处境的相似性，我们的同情和仁慈变得更加深切了。这种情感是一种正当的情感。——原注

们即使用最细致的想象，也无法在那里发现任何利己的现象，也找不出我们当前的幸福和安全同那些与我们远隔的事件有什么联系。

如果一个敌人做出了慷慨、勇敢、高尚的行为，也会博得我们的赞许，尽管人们也会承认，就其后果而言，他的行为有损于我们的特定利益。

如果个人利益与对德的普遍之爱相一致，我们就很容易看到并承认，这些对心灵有十分不同的感受和影响的不同情感是混合在一起的。如果慷慨仁慈的行为有助于我们的特定利益，我们也许比较乐于赞扬它。不过，我们所坚持讨论的这些与赞扬有关的话题恰恰未涉及这个情节。我们可以尝试使其他人变得与我们有同样的情感，用不着极力使他们相信，他们能从我们推荐的使他们满意和欢迎的行为中得到好处。

如果你塑造出一个值得赞扬的典型人物，他具有一切最可爱的美德。如果你举出一些事例，他的这些美德在事例中突出而显著地表现出来，那么，你就很容易使你的所有听众对这个人表示尊敬和赞赏，尽管这些听众甚至从未研究过这个人生活在哪个时代和哪个国家，具有这些高贵品质的人是谁。而在所有的情节中，这个情节无论如何是对自爱最重要的，或者是与我们自己个人的幸福相关的。

从前，一位政治家在党派斗争中占了上风，凭着他的能言善辩，把他的一个劲敌送去流放，却又在暗中跟随他，在流放期间为他提供资助，在他不幸时，用宽慰的话题来安抚他。那位被流放的政治家喊道：啊！我不得不离开这座城市的朋友们，这该是多么遗憾哪！在这里，甚至连我的敌人都是那样的慷慨！

此处，尽管是敌人的德，也使他感到高兴。对这样的德，我们也会给予公正的表扬和赞许。当我们听说这种行为发生在大约二千年前的雅典，而且所提到的人是埃斯基涅斯（Eschines）[①]和德谟斯梯尼（Demosthenes）的时候，我们的这种情感也不会消失。

那么，那种事和我有什么关系呢？只有少数情况下，这个问题才是不恰当的。不过，这个问题实际上并没有所设想的那种普遍的、确切的影响，因为如果真有的话，它就会使对人和行为方式作过任何褒贬的一切作品和几乎所有的谈话都变得可笑。

如果我们迫于这些事实或论证而不得不说，我们借想象的力量回到那些遥远的年代和国家，而且考虑到如果我们处在那个年代，并与那些古人有交往，也会从那些人物那里得到益处，那么，这只是一种无力的辩解。因为我们无法想象，一个实在的情感或感情怎么能从明知是想象的利益中产生出来，尤其是当我们的现实的利益就在眼前，而且我们经常承认，实际的利益与想象的利益是完全不同的，有时甚至是相反的。

当一个人被带到悬崖边上往下看，他一定会发抖，这时，想象的危险情感刺激着他，这个情感与他实际上是安全的这个看法和信念相反。在这里，想象因一个触目惊心的对象的出现而得到了加强，但还没有达到支配的地步，除非它还受到新奇

---

① 埃斯基涅斯（前389—前314），雅典政治家、演说家，力主与马其顿王菲力浦媾和，反对以政治家、演说家德谟斯梯尼（前384—前322）为首的反马其顿派。

性和对象不同寻常的现象的推动。由于习惯，我们很快适应了悬崖峭壁，并使虚假的恐惧减弱了。相反的情况可以从我们对性格和行为方式所形成的评断中看出来，我们越是习惯于精确地考察道德，我们就越是敏锐地感受到恶和德之间最细微的差别。在日常生活中，我们常常作出各种各样的道德判断，以至于这类对象对我们并不新鲜、并不特别；任何虚妄的观点或偏见所持有的根据，都不能违背我们如此常见、如此熟悉的经验。观念的联系主要是由经验形成的，直接违背这个原理，任何联系的建立和保持都是不可能的。

有用性是令人愉快的，能够博得我们的赞许。这是由日常观察所确定的一个事实。但是什么是有用的？对什么有用？当然是对某个人的利益有用。那么，对谁的利益有用呢？显然不仅仅是对我们自己的利益，因为我们的赞许往往超出我们自己的利益之外。因此，这个利益必定是这些得到赞许的品格或行为对之有益的那些人的利益。我们所能作出的这些结论，不管与我们多么遥远，却不是与我们完全无关的。由于揭示了这个原理，我们就将发现道德差别的一个重大的根源。

第二节

自爱是人性中一个非常广泛的原则，而且每个人的利益一般总是和社会的利益密切联系在一起的，因此，当那些哲学家设想我们对公众的全部关心都可以归结为对我们自己的幸福和自保的关心，对他们是可以谅解的。他们每时每刻都看到对各种品格和行为的赞许或谴责、满意或不快的事例。他们称这些情感的对象为德和恶。他们说,前者的倾向是增进人类的幸福,后者的倾向是加剧人类的痛苦。他们问道:我们是否能对社会有任何普遍的关注,或者说,我们是否能对其他人的祸福有任何不计个人利害的抱怨?他们发现,比较简单的办法是把所有这些情感都看成是自爱的变状。而且,在公众和每个个人之间清楚可见的那种密切的利益结合中,他们发现了至少能说明这种原则统一性的一个理由。

不过,尽管各种利益经常这样混淆着,我们仍然很容易做出培根勋爵之后的自然哲学家喜欢说的那种"决定性实验"(*experimentum crucis*)①,即那种能在任何疑虑或不明中指出正确道路的实验。我们发现,在有些事例中,个人利益和公共利益是分开的,甚至是相反的。可是,尽管有这种利益分离的现象,我们看到那种道德情感仍然继续着。而每当这些各不相同的利益明显地同时发生作用时,我们总是发现这种情感明显增强,发现对德的更热烈的爱,对恶的更深刻的恨,也就是我们恰当所称的感恩和复仇。有鉴于这些事例,我们不得不放弃用自爱原则来说明一切道德情感的理论。我们必须采纳一种更广泛的爱,并且承认,社会的利益即使就其本身而言,也不是与我们完全无关的。有用性只是达到某一目的的倾向,如果任何东西能使我们高兴地将它作为达到目的的手段,而目的本身却对我们没有任何影响,这在字面上是矛盾的。如果有用性因而是道

---

① 即"crucial experiment",指在各种选择中难以取舍时所进行的用来确定正确选择的关键性实验。

德情感的一个源泉，如果这种有用性不总是从自我方面考虑的，那么就可以推断，凡是对社会福利有益的一切事情都会直接得到我们的赞许和好感。于是，这里就有了能大体说明道德来源的一个原则。而如果有了一个如此明显而自然的原则，我们再去寻找那些深奥而遥远的理论体系，难道还有必要吗？①

　　我们在理解同情和慈善的力量时是否会有什么困难呢？或者说，我们在想象幸福、欢乐、繁荣的景象给人以快乐，想象痛苦、受难、悲伤的景象给人以不快时，是否会有什么困难呢？贺拉斯（Horace）说，人的喜怒哀乐的表情是互相感染的。②如果把一个人置于同其他人隔绝的状态，他就会失去除感觉和思辨以外的一切快乐。这是因为他的心灵的活动不再受他的同伴的相应活动的推动。尽管人用来表示悲伤和哀痛的标记是任意的，却仍使我们感到忧伤，而人悲痛时的天生的表情——眼泪、哭泣、呻吟——则肯定会引起我们的同情和难过。如果由苦难

---

　　① 我们没有必要把我们的研究深入到探讨为什么我们会对他人有博爱同情心的问题，只要知道这是我们所经验到的人性的一个原则就够了。我们在探讨原因时必须适可而止。在每一门科学中，都有某些基本原则，超出它们之外，我们无望发现出更普遍的原则。对于他人的幸福和苦难，任何人都不会绝对无动于衷。他人的幸福具有使人快乐的天然倾向，他人的苦难具有使人痛苦的天然倾向。这种情况每个人都可以在自身中看到，这些原则不大可能再分解为更简单、更普遍的原则，不论你怎样试图做到这一点。而即使你能够做到这一点，这也不是我们现在讨论的题目。我们在此可以稳妥地把这些原则当成是原始的原则。如果我们能使由此得出的一切推论足够清楚和明白，那该多么幸福啊！——原注

　　② 贺拉斯："人乐汝亦乐，人悲汝亦悲"。——原注
　　贺拉斯（前65—前8）是著名的古罗马诗人。

引起的结果能如此生动地触动我们，那么，当一个邪恶奸诈的品格和行为出现在我们面前时，怎么能够设想我们对它的原因会毫无感觉或无动于衷呢？

我设想，我们走进一套舒适、温暖、设计精美的房间，我们从对它的观察中，必然地得到一种快乐，因为它给我们呈现出安逸、称心和愉快的观念，这些观念是使人高兴的。这时，那位好客、愉快、仁慈的房主人走了出来。显然，这个情景肯定会全面地起渲染作用。我们会不由高兴地想到由于同他的交往和得到他的帮助而给每个人带来的满足。

他全家每一个人的脸上都洋溢着自在、轻松、自信和安乐的表情，这些充分表明他们是幸福的。我看到这样快乐的情景，就有了一种愉快的同情，而且我总是以最舒畅的心情思考它的发源。

主人告诉我，他有一个暴虐而强壮的邻居，总想剥夺他的继承权，一直在干扰他清白的、社会生活中的各种乐趣。我听后，心中立刻升起对这种捣乱和破坏行为的义愤。

他补充说，如果一个人奴役外省居民，灭绝城市人口，使战场和刑场血流成河，那么，对这个人的私人恶行也就没有什么可奇怪的。他所描述的那么多的悲惨景象使我深感恐惧，并激起我对造成这样景象的人的最强烈的憎恶。

总之不论我们走到哪里，不论我们思考和谈论什么问题，每件事都会给我们呈现出一幅人类幸福或痛苦的景象，都会在我们心中激起快乐或不安的同情活动。我们不论是在严肃的工作中，还是在随便的消遣中，这个原理都发挥出活力。

当一个人走进剧场，看到那么多人在一起共同欢乐，立刻就会被这个情景所打动。他从人们的神情上，体会到了由他和他的同伴享有的各种情感所引起的良好感受或情致。

他看到，演员会因观众爆满的场面而激奋起来，从而达到他们在孤独和安静中无法达到的热情。

技巧娴熟的诗人描写的剧情，它的每一变化都会魔术般地传达给观众，他们哭泣、颤抖、抱怨、欢乐，沉浸在剧中人所经受的各种激情中。

如果任何剧情违背了我们的意愿，破坏了我们喜爱的人的幸福，我们就感到明显的忧虑和担心。如果他们遭受的苦难是由敌人的叛卖、残酷和暴虐引起的，我们心中就会对造成这个灾难的人感到最强烈的愤恨。

在这里，对任何平淡无关情节的描写都被认为是违反艺术规则的。诗人应尽量避免提到远方的友人，或与戏剧结局没有直接关系的知己，因为观众同样会感到那个人物是无关紧要的，因而妨碍了观众情绪的发展。

几乎没有什么诗歌会比田园诗更引人入胜的了。每一首田园诗都是很感人的，因为它给人的快乐主要是从诗中人物身上体现出的温柔静谧的情景中产生出来的，它给读者带来了同样的情感。萨那查洛（Sannazarius）① 把诗中场景换成海滨，虽然他这时表现了自然中最浩瀚的对象，人们却认为他的选择是错误的。因为对人的幸福或痛苦的每一个概念都会不可避免地带来人们的同情，而对丁渔人所遭受的辛苦、劳累和危险的观念，

---

① 萨那查洛（1456—1536），意大利诗人，田园浪漫诗《阿卡狄亚》的作者。

则是令人痛苦的。

一位法国诗人说，在我 20 岁时，我喜欢奥维德（Ovid）[①]，现在我 40 岁了，我声明我喜欢贺拉斯。我们确实比较容易体会与我们日常所感受的相似情感。不过，任何情感在充分表现出来时都会对我们有所影响，因为对于任何一种感情，在每一个人心中都至少会留有它的萌芽和最初的元素。诗歌的作用就在于通过生动的想象和描写，使各种感情贴近于我们，并使之看上去好像是真实的和实在的。这确凿地证明：不论那种实在性是在何处发现的，我们的心灵都易于受到它的影响。

对各国、各省或众多个人的命运有影响的任何最新事件或新闻，都是极引人注意的，甚至对其利益与之没有直接关系的人也是一样。人们将此类消息迅速传播开来，热切地倾听，全神贯注地进行调查。在这时，社会利益在某种程度上成为每一个人的利益。人们的想象确实受到那种消息的影响，尽管由此激起的感情不总是那样强烈和稳定，以至于对人的活动和行为有重大影响。

当修昔底德斯（Thucydides）描述希腊小城邦无关紧要的冲突，圭恰迪尼（Guiccardini）描述无所损失的比萨之战时[②]，他们难以引起我们的注意。在这些战争中，由于利益相关的人很少，涉及的利益也不大，因此不能满足于想象，也不会引起

---

① 奥维德（前 43—后 17），罗马诗人。

② 修昔底德斯（约前 460—约前 400），古希腊历史学家，著《伯罗奔尼撒战争史》；圭恰迪尼（1483—1540），意大利历史学家，著《意大利史》。比萨之战指 13 世纪比萨和佛罗伦萨之间的战争。

各种感情。而无数雅典军队在叙拉古深陷困境以及威尼斯所面临的迫切危险,这些都激发了人们的同情,都引起了恐怖和忧虑。

不论是苏托尼厄斯(Suetonius)[①]索然无味的写作风格,还是塔西陀(Tacitus)[②]的绝妙笔法,同样能使我们相信尼禄(Nero)或台比留(Tiberius)[③]的可怕堕落,然而它们引起的情感是多么不同啊!前者只是平淡地叙述事实,而后者在我们面前树立起两位可敬的人物,一位是索拉努斯(Soranus),另一位是特拉西(Thrasea)[④],他们在命运中是无所畏惧的,只有亲友的忧伤才使他们动情。他们引起大家多么大的同情啊!对出于无端的恐惧和无故的怨恨而犯下如此滔天罪行的暴君,这又会激起多么强烈的义愤啊!

如果我们更切近地考虑这些问题,如果我们排除一切可疑和虚假的成分,那么,这里会引起人们多么强烈的关注啊!在许多情况下,这种关注又怎样远远超过了对自爱和私利的狭隘依附啊!民众的暴乱、党派的狂热、对宗派领袖的忠顺,所有这些都是由人性中这种社会同情所产生的最明显的结果,尽管这些结果是不值得称赞的。

我们可以看到,即使这个论题琐屑无聊的方面,也不会使

---

① 苏托尼厄斯(约69—约140),古罗马传记作家。

② 塔西陀(公元57—120),罗马帝国时期著名的历史学家。

③ 尼禄(37—68):古罗马皇帝,以残暴著称;台比留(前42—37)古罗马皇帝。

④ 索拉努斯曾任罗马执政官(52),后在亚洲任总督,公元66年被判死刑。特拉西是一个斯多亚派,罗马元老院成员,以反尼禄著称,于公元66年被判死刑。

我们完全摆脱带有人的情感和感情形象的东西。

如果一个人口吃，发音有困难，我们甚至也会同情他的这种微小的不便，并为他感到难过。在文学批评中有这样一条规则，凡是音节或字母的一种组合使人在朗诵时发音器官感到别扭，那么借着一种共鸣作用，它也会使人听起来感到刺耳和不适。而且，甚至在我们用眼睛浏览一本书时，我们也会感到这样的文字不和谐，因为我们仍然会想象，一个人在对我们朗读这段文字时，他会很别扭地发出那些刺耳的声音。我们的同情是多么微妙啊！

轻松潇洒的姿态和动作永远是美的。健康强壮的体态是令人愉快的。样式优美的衣服总是既保暖又不累赘，既能遮体，又不束缚手脚。在对美的每一个判断中，都要把当事人的感受考虑在内，这些感受给旁观者带来相似的苦或乐的触动。① 因此，如果说我们不考虑人的活动趋向，以及它给社会带来的幸福或灾难，我们就无法对人的品格和行为做任何判断，那又有什么奇怪的呢？如果那个原理在这里完全不起作用，还有什么观念联想能进行下去呢？②

---

① "观看一匹躯干修长的马，更令人赏心悦目，同时它也是跑得比较快的。欣赏一位肌肉锻炼得十分发达的摔跤手，也是令人高兴的，而同时这位摔跤手也具备了更好参加竞赛的体魄。具有真正美丽外表的事物永远也不会与效用性分开。然而，要加强在此方面的眼力，需要的只是适当的判断力。"（蒂廉：《论修辞学》，第八卷，第3章）——原注

② 一个人处于各种关系中，根据这些关系他取得了一种地位，相应于这种地位的高低，我们总是期望从他那里得到或大或小的利益。而如果我们失望了，就会责怪他是无用的。如果他的活动和行为造成了任何

如果任何人由于感情冷漠，或由于性情狭隘自私，对人类幸福和苦难的景象毫无感触，那么，他对善与恶的景象也一定同样无动于衷。因为在另一方面，人们总是看到，对人类利益的热情关注是与对一切道德差别的敏锐感觉相伴随的，即对给人们造成的损害强烈不满，对给人们带来的福利热烈欢迎。在这一点上，虽然我们会看到一个人比另一个人优越得多，但没有任何人会对他的同类的利益毫不关心，以至于觉察不出由人的行为和原则的不同倾向所引起的道德善恶的区分。对于任何一个有人类情感的人，如果给他展示出两种人类行为的特点或方式，其中一种是对人类或社会有利的，另一种是有害的，那么，实在说来，我们怎么能够设想他会不冷静地喜爱前者，怎么会不至少赋予它最低限度的价值或尊重呢？让我们假设一个非常自私的人，他对个人利益极为关注，但是，在与他无关的事情中，他必定不可避免地感到对人类利益有某种偏好，而且在其他各种情况相同时，把它作为选择的对象。一个人在行走时，

罪恶或损害，我们就会更严厉地指责他。当一个国家的利益损害了另一个国家的利益，我们评价政治家的功绩，是根据他采取的措施和建议给他自己的国家带来的利弊，而不考虑他给敌国和对方国造成的损害。当我们在确定他的品格时，我们首先着眼于他自己的国民。而因为自然已经将对自己国家的较大的爱根植于每个人的心中，所以我们从不想去关心在远方发生争斗的那些国家。更不用说的是，虽然每个人都考虑他自己社会的利益，但是我们意识到，人们这样做要比没有对某种利益的严格明确的看法，更能促进人类的普遍利益，因为若没有这种严格明确的看法，人们会由于缺少能为之奋斗的恰当目标，而不能从事任何有益的活动。——原注

难道会像踩在硬石路面上一样，故意踩在与他没有任何争执的人的患有痛风症的脚上吗？实际上这里确实存在着差异。我们在对几种行动意图进行斟酌时，肯定要考虑他人的幸福和痛苦，而且，当我们没有受任何个人考虑的驱使而损害别人，追求自己的升迁和利益时，我们是倾向于他人的幸福的。如果仁爱的原则在很多情况下都能影响我们的行为，那么，这些原则必定总有支配我们情感的某种力量，使我们普遍赞同对社会有益的事情，普遍谴责对社会有害的事情。关于这些情感的程度也许是可以争论的题目，但应当认为，它们存在的现实性必定会在一切理论或体系中得到承认。

如果在自然中真有绝对的恶人，那么他一定比对善和恶的景象无动于衷的人更坏。他的一切情感必定是反常的，必定是和人类中通行的情感完全相反的。凡是对人类有益的事情，因为违背了他的一贯愿望和要求，必定会引起他的不快和不满。而反过来，凡是造成社会动乱和灾难的事情，必定因同样理由被他看成是愉快的和满意的。提蒙(Timon)①被称作憎恨人类者，与其说是因为他顽固不化的恶意，不如说是因为他矫揉造作的坏脾气。他曾经多情地拥抱着亚西比阿德(Alcibiades)②喊道：去吧，我的孩子，去取得人民的信任吧。我预见到，有朝一日你将给他们造成巨大的灾难。③如果我们承认摩尼教徒的二元对

---

① 提蒙（前5世纪），雅典人，以厌恶人类而著称。莎士比亚曾写《雅典的提蒙》一剧。

② 亚西比阿德（前450—前404），雅典的政治家和将军，以其美貌、自负和各种风流事而闻名。

③ 普鲁塔克：《希腊罗马名人传》，"亚西比阿德"。——原注

立论，那么一个可靠的推论是：他们对于人类活动的情感，如同对待其他一切事情一样，一定是完全对立的，而且每一件正义仁爱的事情，根据其必然的趋向，一定使一个神明快乐，而使另一个神明不快。全人类都十分趋近于善的原则，以至于当我们的秉性没有被兴趣、报复心、妒忌所扭曲的时候，我们出于天生的博爱，总是倾向于更偏爱社会的幸福，因而也偏爱德行，而不是其相反。在任何人的心中，也许都不会有绝对的、无缘无故的、不图私利的恶意，如果真有的话，它必定违反人类的仁爱感和一切道德情感。如果我们认为尼禄的残暴完全是故意的，而不是由长期的恐惧和怨恨造成的，那么他显然会一贯坚定地赞成提盖里努斯（Tigellinus），而不赞成塞涅卡（Seneca）或布鲁斯（Burrus）。①

　　当代为我们自己的国家工作的政治家和爱国者，比起曾对久远的年代或遥远的国家做出有益贡献的人来说，总能得到我们更热情的关注。因为在后一种情况下，由那个人深厚的仁爱所带来的利益与我们的关系不那么密切，因而也显得比较模糊，在我们身上引起的同情也比较逊弱。我们可以承认在上面两种情况下的道德价值都是同样伟大的，尽管我们的情感并没有发展到同样的高度。在这里，判断纠正了我们内在情绪和知觉上

---

　　① 提盖里努斯（死于69），西西里人，出身微贱，后为尼禄的主要顾问官。他的残忍奢华对尼禄有很大影响，并因此而臭名昭著。

　　（小）塞涅卡（前4—后65），哲学家、演说家、政治家，尼禄统治初期的主要智囊人物，曾为尼禄的老师。

　　布鲁斯（死于62），罗马近卫军长官，与塞涅卡同为尼禄的老师和顾问。

的不平衡，就好像判断以类似方式使我们避免了由呈现给我们外部感官的某些影像变化所引起的错误一样。比如，同样一个物体，如果把它放在是原来两倍远的地方，那么，它实际映在眼睛里的图像只是原来大小的一半。可是，我们仍认为它在两个位置上时的大小是一样的，因为我们知道，当我们向它走近时，它的影像在眼中就会变大，而且影像的这种差异并不在于物体本身，而在于我们与物体的位置。的确，如果人们不在内外情感两方面对事物现象作出这样的纠正，那么，当他们所处位置的变化造成了对象现象的不断变化，并使对象置于非常不同和相反的光线和方位下，他们就无法确切地思考或谈论任何问题了。[①]

　　我们越是和人们交谈，越是保持广泛的社会交往，我们就越是熟知人们的这些基本偏好和差别。而如果不知道这些，我们的交谈和讨论就难以彼此理解。每个人的利益是他个人特有

---

　　① 根据同样理由，我们在作出道德决定或基本判断时所考虑的，只是行为和品格的趋向，而非它们实际的偶然结果，尽管在我们的实际感受中或情感中，我们不由自主地比较尊敬德高位重因而对社会实际有用的人，而非把发扬社会美德只停留在良好愿望和慈善心上的人。当我们通过思想上轻松而必要的努力，将人的品格和财富区分开来考虑，我们就会宣称这些人都是同样的，给他们以同样普遍的赞扬。判断可以纠正或尽力纠正现象，但是它不能完全支配情感。

　　我们说这棵桃树比那棵桃树好，除了因为它能结出更多更好的果实，还有什么其他理由呢？即使在桃子还没有成熟以前就被蛇或害虫吃掉了，难道我们就不会同样赞扬这棵桃树吗？在道德中，道德之树不也是根据其果实来识别的吗？我们不是很容易就能把这两种情况下的本性和偶性区分开来吗？——原注

的,不能认为由它引起的好恶对其他人有同样程度的影响。因此,为了普遍应用而形成的通用语言,就应当按照某些比较普遍的观点来塑造,在使用褒或贬的形容词时,就应当与社会普遍利益中产生的情感相一致。如果在大多数人中,这些情感不像与个人利益有关的那些情感那样强烈,他们也必定会对之作出某种区分,即使在最堕落、最自私的人那里也是如此。他们一定会把善的概念和有益的行为联系起来,把恶的概念和有害的行为联系起来。我们承认,对他人的同情要比对自己的关心微弱得多,对远方的人的同情要比对近旁的人的同情微弱得多。可是,正因为如此,我们在对人的品格进行冷静的判断和谈论时,就必须忽略所有这些差别,使我们的情感更加大众化、社会化。在这方面,我们自己常常改变我们的处境。除此以外,我们每天都遇到与我们处境不同的人,假如我们总是坚持我们自己特有的立场和观点不放,他们就无法和我们交谈。因此,在社会交往中情感的交流,使我们形成了某种普遍不变的标准,根据这个标准,我们可以对各种品格和行为方式表示赞成或反对。虽然我们的内心与那些普遍的概念不完全一致,它在规范一切爱和恨时,也不根据善和恶之间普遍抽象的差别,这种差别既与自我无关,也与同我们联系较密切的人无关。不过,这些道德差别仍有相当大的影响力,至少能够满足我们的交谈,有助于达到我们在交友、布道、演戏和求学中的各项目的。①

---

① 自然明智地作出规定:与私人有关的事情通常要胜于普遍的看法和考虑,否则,我们的感情和行为就会因为缺少恰当限定的对象而消失。因此,由我们自己或密友的微小利益而激起的爱和满意的情感,要比对

因此，不论我们以何种观点来考虑这个论题，我们赋予社会美德的价值似乎是一律不变的，而且主要是从自然而然的仁慈情感使我们对人类和社会利益所做出的关注中产生出来的。如果我们考察日常经验和经验中出现的那种人类性情的原则，我们就应当先天地断定：人这种生物不可能对其同类的祸福无动于衷，如果没有什么事情使他产生特殊的偏见，他就会欣然地自动断言，凡是能促进其同类幸福的就是善的，凡是使其同类遭受痛苦的就是恶的，对此不需再作任何深一层的关注或考虑。这里至少对于人类行为的基本区别有了初步的原则和概括。而随着这个人的仁爱得到了加强，他与那些蒙受利害的人的联系，他对他们的苦或乐的生动概念也加强了，他由此而作出的谴责或赞许也相应变得更加有力。只有在古老的历史或古代文献中才谈到的慷慨行为，并不必然带来任何强烈赞赏的感觉。在如此遥远之时发生的德行就像一颗恒星，尽管用理性的眼光来看，它可能如日中天，光芒四射，可是它离得太远了，它的光和热对我们的感官没有什么影响。而当我们和那些人熟识或发生了联系，或哪怕由于对那件事滔滔不绝的讲述，使我们对那项德行比较接近了起来，我们的心就马上被吸引，我们的同情心立刻活跃起来，我们对那项德行的冷静赞许立刻就会变成最热烈的友爱和尊重之情。这些似乎是在日常生活和实践中所

遥远国家的巨大利益所激起的情感更热烈。但即使在这时，我们也能像在各种感官中的情况那样，知道用反省来纠正这些情感上的不平衡，并坚持善和恶的一般标准。这个标准主要是以普遍的有用性为根据的。——原注

发现的人性之普遍原则的必然而无误的结果。

我们还可以把这些观点和推理倒过来，后天地考察这件事情，权衡它的结果，看看社会美德的价值是否主要来自它借以影响旁观者的那些仁爱的感受。在一切论题中，效用这个情节是引起我们赞许的一个根源。在一切有关行为功过的道德判定中，效用总是人们诉诸的一个根据。它是人们对正义、真诚、正直、忠诚和贞节高度尊重的唯一来源。它同其他一切社会美德，如仁爱、慷慨、博爱、和蔼、慈悲、怜悯、宽厚等是不可分割的。以上所有这些似乎都是事实。总之，与我们人类有关的主要道德正是以效用为基础的。

当我们对人的品格和举止表示普遍赞许时，社会美德所具有的有用倾向似乎也并非依靠任何对私利的考虑来打动我们，而是有着更普遍的、更广泛的影响。一种对公益、对促进社会的安定、和谐和秩序有益的倾向，似乎总会通过对我们结构中的仁慈天性（principles）发生影响，使我们站在那些社会美德一边。作为一个补充论断，我们似乎可以说，这些仁爱和同情的天性深深地渗透到我们的一切情感中，并具有非常有力的影响，可以使这些情感激起最强烈的谴责和称赞。现在这个理论是从所有那些推断中得出的简明结果，那些推断的每一个似乎都是建立在一律的经验和观察之上的。

如果我们曾经怀疑在我们本性中是否有仁爱或对他人的关心这类原则，那么，当我们在无数的事例中看到，凡是有促进社会利益倾向的事情都受到我们的高度赞扬，我们就应该因此明了慈善原则的力量，因为如果目的是完全无关紧要的，那么，作为达到目的的手段的任何东西就不可能使人感到快乐。另一方面，如果我们曾怀疑在我们的本性中是否根植着任何道德褒贬的普遍原则，那么，当我们在无数事例中看到了仁爱的影响，我们就应因此得出结论，一切促进社会利益的事情必定能带来快乐，一切对社会有害的事情必定使人不快。而如果这些不同的反省和观察一致确立了相同的结论，那么，难道它们不是应当为这个结论提供了不容争辩的证据了吗？

不过，人们仍然希望，这个论证的深入将会表明，我们其他的关心和尊重的情感也是从同样或相似的原则中产生出来的，以此进一步确证我们现在的这个结论。

第六章 论对我们自己有用的品质

第一节

看起来很明显，我们在对一种品质和习惯进行考察时，如果它在任何方面显示出对具有这种品质或习惯的人是有害的，或者使他丧失从事事务和活动的能力，那么，它立刻会遭到谴责，并被列入这个人的缺点或缺陷。懒惰、疏忽、混乱而无条理、固执、喜怒无常、鲁莽、轻信等等，对于这些品质，即使对人的品格无所谓的人也不会尊重，更不用说把它们当作优点和美德来赞扬了。这些品质造成的损害立刻为我们所见，并给我们带来痛苦和不快的情感。

人们承认，没有任何品质是绝对值得谴责或赞扬的。一切以这个品质的程度为转移。逍遥学派认为，适度的中庸是德的特征。而这个中庸主要是由效用来决定的。例如，办理事务时适当的迅速和敏捷是值得称赞的。如果这方面有缺陷，就不会在达到任何目的时取得进展。如果操之过急，就会使我们仓促行事，举措失当。根据这样的推理，我们就在一切道德的慎重研究中把这种恰当的、值得称赞的中庸之道确定下来，而且永远以任何品格或习惯所产生的利益为着眼点。

既然这些利益是被具有这种品格的人所享有的，所以，使我们这些旁观者看到那些利益时感到愉快，并引起我们的尊敬和赞许的，绝不会是自爱。任何想象力都无法把我们变成另一个人，都无法使我们相信，由于我们变成了那个人，就从那个人的宝贵品质中得到了实惠。即使想象真的做到了这一点，它也不可能那样迅速，将我们马上带回到我们自身，然后使我们热爱和尊敬那个与我们毫不相同的人。在这里，这些观点和情感都与已知的真理相反，它们之间也是互相抵触的，它们不可能在同一时间出现在同一个人身上。因此，认为这里有利己动机的一切猜测就被完全排除了。那个激动着我们内心，使我们对我们所思虑的人的幸福感到关切的，是一个完全不同的原则。当我们从这个人的天生才能和后天能力中预见到他的仕途远大，一生中声名显赫，成就辉煌，牢牢把握着命运，并从事着伟大或有益的事业，我们就会被这种愉快的景象所打动，并马上感到对他的满意和尊重。幸福、快乐、胜利、兴旺等观念都是和他的品格息息相关的，并且使我们心中弥漫起令人愉快的同情和仁爱的情感。①

---

① 有人可能会冒昧地断言，对于任何人来说，幸福出现时（这里无妒忌或报复可言）都会给他带来快乐，痛苦出现时都会给他带来不适。这一点似乎是和我们的气质和构造分不开的。但是，只有那些心胸更加宽阔的人才会由此发展到热心为他人谋利益，对他人的幸福抱有真情实感。对于心胸狭窄的人，这种同情最多是想象时的微弱感受，这种感受只能激起满意或责备的情感，并使他们或者尊敬，或者鄙夷地称呼那个

　　我们假设一个人的原始结构使他对他的同类毫不关心，他认为，一切有感觉生物的苦和乐都是无关紧要的，就好像同一种颜色的两种相近色调的差别是无关紧要的一样。我们假设，如果要这样的人在国家的兴旺和衰败之间做出选择，那么，他就会像那位经院学家的驴①一样，在两个相等的打算之间犹豫不决，优柔寡断。或更确切地说，就好像这头驴站在两段木头或两块大理石之间，对哪一方都没有任何倾向和偏好。我相信，人们肯定会同意如下推断是公正的：由于这样的人不论对社会的公共利益还是对他人的私利都绝对不关心，所以他就像看待任何最普通最乏味的东西一样，无所谓地看待人的每一种品质，不论这个品质对社会或对具有这个品质的人有怎样的利害关系。

　　这样的人乃是虚构出来的怪物，但如果我们不是假设这样一个怪物，而是假设一个人在此情况下作出了判断和决定，那么，在其他一切事情相同时，他有作出优选的明显根据。而且，如果他的心是自私的，或者如果他所注意的人远在他方，那么，不论他的选择多么冷漠，在有用的东西和有害的东西之间必定

对象。例如，一个一毛不拔的守财奴甚至对他人的勤勉和节俭也会极力称赞，并将其看得高于其他一切德行之上。他知道由勤勉和节俭带来的益处，他感受那种幸福时所带有的同情心，要比你能向他表示的任何其他同情心都更加强烈，尽管对于他大加赞扬的勤勉者，他很可能连一个先令也不会给出去以成为那个人财产。——原注

　　① 即所谓的"让·布里丹之驴"。据说，这头驴站在同样远近、同样大小的两堆饲草之间，因为不知道该吃哪一堆饲草，而被活活饿死。让·布里丹（1300—1358），法国哲学家和物理学家。

还是有选择、有差别的。这种差别在各方面都与道德的差别相同，而人们对道德差别的根据已经进行了反复大量的探讨，但是毫无所获。同样的心灵资质在任何情况下都与道德情感和仁爱情感相一致；同样的脾性都能具有强烈的道德情感和仁爱情感；由于同对象接近或同对象发生关系而在对象中引起的同样变化，会使这两种情感都变得活跃起来。因此，根据各种哲学规则，我们应当作出结论说，这些情感原先是一样的，因为在各自特定的场合，即使在最微妙的情况下，它们都服从于同样的规律，都被同样的对象所触动。

哲学家非常肯定地推断说，月亮保持在它的运行轨道上，是借助于使物体落到地面的那个同样的万有引力，因为经计算发现这些结果是相似的和相同的。为什么哲学家仅仅根据这个理由就能得出那个推断呢？难道这个论证在道德研究中不应像在自然研究中一样令人信服吗？

一切品质，只要对具有这些品质的人是有益的，就是值得称赞的，只要对他是有害的，就是应该谴责的。对此作任何详细的证明都是不必要的。只要对生活中每日所经验的事情稍加反省就足以明白。如果可能的话，为了排除一切疑虑和犹豫，我们将只论述几个事例。

对于从事任何有用事业的最必要的品质是审慎，借助这个品质，我们同他人进行稳妥的交往，对我们自己的和他人的品格予以恰当的注意，对我们所承担的事务的各种情况进行权衡，并采取最可靠、最安全的办法来达到我们的任何目的。对于克伦威尔（Cromwell）也许还有雷茨（De Retz）来说，审慎就像斯威夫特博士（Swift）^①所说的那样，是一种长官式的德。由于这种德和他们在勇气和雄心的推动下要去实现的那些庞大计划不相容，所以这种德在他们身上实际可能是一种缺点或缺陷。但是，在普通的生活活动中，没有什么德比审慎更必不可少的了，这不仅对于取得生活中的成功是如此，而且对于避免最严重的挫折和失望也是如此。就像一位高雅的作家所说，如果人们没有这个德，那么，他们所具有的其他绝大多数品质对他们可能是致命的不幸，就好像独眼巨人波吕斐摩斯（Polyphemus）^②被搞掉了那只独眼之后，他的巨大力量和庞大身躯只能使他更加暴露，易受攻击。

的确，最佳的品格（如果不是完美得人性所达不到的）是那种不受任何脾性左右，能交替使用大胆进取和谨慎行事两种方式的品格，因为这两者对于达到预想的特定目的都是有用的。这就是圣·埃弗雷蒙（St. Evremond）所说的蒂雷纳（Turenne）元帅^③所具备的优点。在他的军事活动中，他的年龄越是增大，他的各次战役就进行得越是鲁莽。这时，由于长期的经验，他对战争中的一切事情都驾轻就熟了，所以他可以沿着他十分熟

---

① 克伦威尔（1599—1658），17世纪英国资产阶级革命中资产阶级和新贵族的代表者，独立派领袖，英国资产阶级共和国的缔造者。雷茨（1613—1679），法国政治家，巴黎大主教。斯威夫特（1667—1745），爱尔兰人，曾任英格兰教会教士，都柏林圣·帕特里克教长，讽刺作家。

② 古希腊诗人荷马在《奥德赛》中描写的独眼巨人。

③ 圣·埃弗雷蒙（1613—1703），法国作家。蒂雷纳（1611—1675），三十年战争时期的法国将领，在1672—1678年的荷兰战争中以战略大胆而赢得了不朽之名。

悉的路线，坚决顺利地向前挺进。马基雅维利（Machiavelli）说费边（Fabius）是谨小慎微的，西皮奥（Scipio）[①]是大胆冒进的，而两人都取得了胜利，因为在他们各自任统帅期间，罗马的形势特别适合于发挥他们的才能，如果当时的形势相反，他们两人都会遭到失败。如果一个人所处的环境适合于他的脾性，这个人是幸运的，如果他能使他的脾性适应任何环境，他就更优秀了。

我们在获取权力和财富时，或者在世界上聚敛我们所谓的财产时，为什么还要表示对勤劳的赞美，颂扬它的好处呢？寓言中说，乌龟依靠它的坚持不懈，赢得了和兔子赛跑的胜利，尽管兔子比它跑得快得多。人的一生如果勤恳节俭，那就像一片精心耕耘的土地，其中几亩地里出产的生活品，要比尽管土地肥沃，然而野草丛生的大片田野出产的还要多。

如果在生活中不能合理节俭，那么一切成功的希望，甚至勉强生存的希望都一定会破灭。如果一个人的大量财富不再增加而是与日俱减，那么给他带来的是更大的不幸，因为他这时已经不能按照有大量收益那样来消费，而依靠少量收益来生活，他将更不能满意了。按照柏拉图所说[②]，人的灵魂中燃烧着邪恶的欲火，由于它失去了唯一能使它借以满足的肉体，因而在地上四处游荡，出没于它们的肉体所寄寓的场所，它们一心渴望

[①] 马基雅维利（1469—1527），文艺复兴时期意大利的政治思想家，著有《君主论》。费边（约前280—前203），古罗马统帅，曾与迦太基名将汉尼拔作战。西皮奥（前235—前183），古罗马名将，打败迦太基名将汉尼拔。

[②] 见柏拉图《菲多篇》。——原注

恢复失去的感官。于是，我们可以看到那些毫无价值的淫奢之徒，疯狂地挥霍着他们的财富，沉溺于各种美味佳肴、狂欢宴乐之中，他们甚至为恶人所厌恶，为愚人所不齿。

与节俭相反的一个极端是贪婪，贪婪不仅使人对自己的财富不动分毫，而且抑制了他的好客之心，妨碍了他进行各种社会交往的快乐，所以我们可以根据双重理由对贪婪进行公正的谴责。与节俭相反的另一个极端是挥霍，通常它对人本身有更大的危害，而人们对这两个极端中的哪一个谴责更甚，要根据谴责者的脾性，根据他对社会快乐或肉体快乐的敏感性的大小来决定。

人的品质往往从多种复杂的来源中获得其价值。忠实、真诚、真实，因它们有直接促进社会利益的趋向而得到赞扬。而一旦那些美德在此基础上确立了起来，就被认为对具有那些美德的人本身也是有益的，而且被当作信任和信赖的根源，那种信任和信赖是生活中唯一能给人带来任何尊敬的。如果一个人在这一点上忘记了对社会和自己所承担的责任，他就成为可鄙的和可憎的。

这样的考虑也许是妇女在失去贞操时遭到强烈谴责的一个主要根源。女性因其忠贞而得到人们的极大尊重。一个女人做不到这一点，她就变成下贱卑俗的，就失去了她的地位而受到各种侮辱。这方面稍有差错就足以毁掉她的名声。一个女人有很多机会偷情纵欲，我们没有办法加以防范，除非她绝对稳重和节制。而如果她一旦失足，就无法完全补救。如果一个男人偶尔有怯懦的行为，他的一次勇敢行为就可以恢复他的品格。可是，如果一个女人一时行为放荡，她用什么行为才能使我们相信她已经决心痛改前非，并有足够的自制力去实现其决心呢？

人们承认，一切人都同样追求幸福，但只有少数人成功了。对于大多数人来说，这里的一个很重要的原因是缺少精神力量，这种力量可以使他们抗拒眼前的安逸或快乐的引诱，使他们寻找更长远的利益和快乐。我们的感情依据我们对感情对象的一般期望，形成了某些行为规则，形成了喜好某一个对象超过另一对象的某种尺度。我们作出的这些决定虽然实际是由我们平静的情感和爱好所引起的（除此以外还能根据什么来断定任何对象的适宜与否呢？），可是，由于用词上自然而然的滥用，人们却说，这些决定是由纯粹的理性和反省来确定的。然而当这些对象中有某些更接近于我们，或者处在有利于打动我们心灵或想象的光线和位置上，我们的基本决心往往会混乱起来，我们会选择微小的快乐，却蒙受长期的耻辱和痛苦。不管诗人如何运用自己的智慧和辩才去赞美眼前的快乐，排斥一切有关名誉、健康或财富的远见卓识，但是很明显，这种做法是一切放荡和错乱、悔恨和痛苦的根源。一个性格坚强果断的人则会毫不动摇地坚持他的基本决心，既不被迷人的快乐所引诱，也不被可怕的痛苦所吓倒，而是仍放眼于长远的追求，通过这种追求，他的幸福和荣誉也同时得到保证。

自我满足至少在某种程度上是蠢人和智者同样具有的一个优点，不过，它是唯一一个这样的优点，在人生活动的任何其他场合，蠢人和智者都不会站在同等的地位上。对于一个蠢人，他完全无力从事经商、著述、谈论等一切活动，他除了因其地位而被指定做最繁重的苦工外，他是人间无用的负担。因而，我们发现，在这方面人们极为注意保护自己的名声，我们看到许多荒淫无耻、背信弃义的事情都是人们最公开坦承的，但是，我们看不到任何一件人们被诬蔑为无知和愚蠢时仍耐心忍受的事情。波里比奥斯告诉我们说，马其顿将军第卡雅丘斯（Dicaearchus）曾公开为不敬神和不公正的行为分别设立了两个祭坛，以表示对人类的嘲笑，可是我完全相信，即使他听到有人称他为"蠢人"时也会暴跳起来，并一心要对给他栽上如此恶毒称号的人进行报复。父母对子女的爱是自然界中最牢固、最稳定的一种联系，除此以外，没有任何联系能有足够的力量去承受由这种品性引起的厌恶。在爱情中，当有背叛、负恩、恶毒、不忠等情况发生时，爱情本身还可以存在，可一旦愚蠢这种品性被察觉和承认，就马上使爱情荡然无存。与愚蠢相比，丑陋和年迈并不会毁灭爱情的支配地位。当一想到因愚蠢而完全没有能力去实现任何目标或做任何事情，想到一生中屡犯错误，过失不断，那是多么可怕啊！

如果有人问，敏锐的理解力和迟钝的理解力，哪一个更可贵呢？理智的一个特点是可以不作任何研究，一眼就对问题有透彻的了解；理智的一个相反特点是，它必须经过专心努力才能得出各种结论，这两个特点哪个更好呢？或者是清醒的头脑，或者是丰富的创造力；或者是深厚的天赋，或者是确凿的判断，这里哪种情况更佳呢？简言之，理智的何种特点或特殊才能更优秀呢？显然，如果我们不考虑这些品质中哪个最能使人有利于世界，并使他的事业取得最大进展，我们就无法回答这里的任何一个问题。

如果优雅的情感和高尚的情操不像普通的理智那样有用，

但由于它们是稀有的、新奇的，它们的对象是高贵的，它们就得到了某些补偿，使它们得到人类的赞赏。这就像金子，尽管它不像铁那样有用，却由于稀少而获得了很高的价值。

判断的缺陷不能用技巧和创造力来弥补，但记忆的缺陷，不管是在从事事务还是在学习中，常常可以借改进方法和勤奋，以及勤于动笔记下每件事情而得到弥补，而且我们很少听说把记忆力不好当作一个人事业上失败的理由。不过在古代，人没有演讲天才就不能显露头角，而且那时的听众十分高雅，无法容忍粗糙的未经斟酌的夸夸其谈，就像我们的演说家在群众集会上做的即兴演说那样。所以那时候记忆力就是事关重大的，相应也比现在有更大的价值。古代所提到的任何伟大天才，很少不是因为这个才能而受到称赞的，西塞罗在列举恺撒本人的崇高品质时就提到了这个才能。①

特殊的习惯和生活方式使各种品质的实用性发生改变，也改变了它们的价值。特殊的处境和事件在某种程度上也有同样的作用。一个人具有同他的地位和职业相适应的才能和造诣，那么，比起命运未能使之适得其所的人，他将永远受到更大的尊重。在这方面，私人的或利己的德要比公共的、社会的德更任意一些。而在其他方面，它们也许不大容易引起怀疑和争论。

在我们这个王国里，近些年来，在从事具有公益精神的实践生活的人，以及从事有关慈善的思辨生活的人中，不断有人

---

① "他具有才智，富于理性，博识强记，精通文学，处事谨慎，思想深刻而坚定。"（西塞罗：《反腓力辞》，第二卷）——原注

大出风头。在他们的每一方，人们无疑已经察觉出许多错误的主张，以至于世人不带任何恶意就很容易发现，关于那两种道德禀赋的题目是难以相信的，有时甚至完全否认了它们的存在和实在性。同样我还发现，在古代，斯多亚派和犬儒派关于德行的永世名言，他们堂皇的表白和卑琐的作为，引起了人类的厌恶。琉善（Lucian）尽管恣欢纵乐，但在其他方面却完全是一个道德学家，他有时大肆吹嘘地谈论德行，总要显出恶意和讽刺的样子。[①]但可以肯定，这种乖戾的脾性不管是从哪里产生出来的，都无法使我们否认各种价值的存在，无法使我们否认举止和行为的一切差别。审慎、小心、进取、勤奋、刻苦、俭省、节约、机智、持重、明辨等这些禀赋，它们的名称有力地表明了它们的价值。除了这些禀赋之外，我要说，这里还有其他许多禀赋，对于它们，连最坚定的怀疑论者也不会丝毫不加称赞和赞许。这些禀赋有：节制、冷静、耐心、持久、坚忍、深谋远虑、周到、守密、有条理、友好、礼貌、沉着、思维敏捷、表达流畅等。对于这些以及其他上千种同类的禀赋，任何人都不会否认它们是优秀的和完美的。因为它们的价值在于它们对具有这些禀赋的人有益的倾向，而在公众和社会公德方面，并未对它们提出任何重大的要求，所以，我们并不忌妒它们的矫饰，而且乐于把它们划入值得赞美的品质范畴之列。我们并未意识

---

① "他们大声吟诵着用德性、抽象概念和废话谱成的小调。"（《提蒙》，第 9 章）还有："哲学家把轻信的少年召集在一起，向他们宣讲关于德行的陈词滥调。"（《依卡洛曼尼普斯》）在另一处："那个陈腐的德行、本性、命运或机遇，这些加诸事物的虚幻空洞的名称，它们到底在哪里呢？"（《众神的会议》，第 13 章）——原注

到，我们承认了这一点，就为承认其他一切道德优点铺平了道路，我们不能再继续犹豫不决地看待无私的慈善心、爱国和仁爱精神了。

似乎无疑的是，如通常一样，这里的情形乍看上去是很骗人的，而且要通过思辨的方式把我们认为上述利己的德所具有的价值分解为自爱，要比把社会美德——正义和仁慈——的价值分解为自爱更困难。因为要做到后面一点，我们只需说，凡是能促进社会利益的行为，因为每个人都享受到它所带来的功利和利益，所以会得到社会的热爱、赞扬和尊重。即使这种热爱和尊重实际上是感激，而非自爱，但要对它们作出区分，哪怕是这种性质明显的区分，也非肤浅的推理者所容易做到的，而且在这方面至少还有余地来挑剔和争论一阵子。可是，有些品质只趋向于对具有它们的人有利，而对我们、对社会没有任何关系，它们却也受到尊重和珍视。那么，我们根据何种理论或体系才能从自爱来说明这种情感，或从自爱这个令人推崇的根源推演出这种情感呢？在此似乎必须承认，他人之苦乐的景象并非与我们毫无关系，正相反，他人之快乐的景象，不管就其原因还是就其结果而言，就像灿烂的阳光，或一片精心耕耘的田野（我们认为这是最好不过的景象了），带来一种暗自的快乐和满足。而他人之痛苦的景象一出现，就像低垂的乌云或荒芜的原野，给想象笼罩上阴郁的气氛。一旦我们承认了上述情况，我们所面临的困难就迎刃而解了。我们诚可希望，对人生各种现象的自然贴切的说明，将从此在一切思辨的研究中通行起来。

第二节

在本节中，我们将考察身体的机能和财富对关注和尊重的情感所发生的影响，并考察这些现象是否加强或削弱了我们现在的理论。我们这样做不会是不恰当的。我们自然而然地料想，身体的美，正如一切古代道德学家所设想的那样，在某些方面和心灵的美是相似的。而且，人们对一个人表示的各种尊重不论是由他的精神禀赋引起的，还是由他的外在情节引起的，在根源上都是相似的。

很明显，一切动物之美的一个重要根源，是它们从其肢体的特殊构造中得到的好处，那种特殊构造是适应于自然为它们规定的特殊生活方式的。色诺芬(Xenophon)和维吉尔(Virgil)[①]所描述的马的身体的恰当比例，和当今马术师所认可的同样，因为他们的根据是同样的，即都是根据何种体形对马有害或有利的经验。

对人来说，肩宽腰细，关节结实，腿上粗下细，这些都是美的，因为它们是力量和健壮的标志。虽然效用的观念及其相反的观念并不完全决定什么是美的、什么是丑的，但它们显然是引起喜爱和厌恶的一个重要原因。

在古代，由于身体的强壮和敏捷在战争中比现在更有用、更重要，因此，也比现在更受尊重，得到更高的评价。我们用不着总提起荷马和诗人的描述，也可以看到，历史学家在谈起

---

① 色诺芬（约前428—约前354），古希腊雅典政治家、将军、学者。维吉尔（前70—前19），古罗马诗人。

他们公认的全希腊最伟大的英雄、政治家和统帅伊巴密浓达（Epaminondas）的才能时，甚至也毫不犹豫地提到他身体的强壮。[①]同样的赞美也被用于罗马最伟大的人物之一庞培。[②]这个例子同我们前述有关记忆的例子是相似的。

不论男人还是女人，性无能都会招来讥笑和蔑视，人们认为有此不幸的人失去了生活中一件极大的乐事，同时也把他看成是无力将这种乐趣带给其他人的残疾者。女人的不孕也是一种无用性，因而是一种耻辱，但和性无能的程度不同，根据现在的这个理论，其中的道理是很明显的。

在绘画和雕塑中，最不可缺少的规则是：人物必须保持平衡，必须使他们非常准确地处在他们的重心上。一个人物失去恰当的平衡，就是丑的，因为他带出一种倾倒、摔伤和痛苦的观念，使人感到不适。[③]

---

① 见狄奥德罗斯·塞古勒斯的《历史丛书》第15卷。为了说明在那些年代通行的有关完美价值的观念是怎样的，我们根据这位历史学家的描述，指出伊巴密浓达的特点不会是不恰当的。这位历史学家说，你会看到，在其他的杰出人物中，每一个人都具有某种光彩照人的品质，他的声誉就是建立在这个品质上的。而在伊巴密浓达那里，我们发现，各种美德都是结合在一起的，这包括强健的身体，雄辩的谈吐，活跃的思想，对财富的蔑视，高雅的气质，以及主要得到人们尊重的那个品质：战争中的勇气和谋略。——原注

② 维吉丢斯引萨鲁斯特语："他善于跳跃，奔跑迅速，力大无穷。"——原注

③ 一切人都会染上病痛，然后还可以康复。这些情况在人和人之间是没有什么区别的，因此它们不是引起傲慢或谦卑、尊重或蔑视的根源。但是当我们把我们这样的人同其他更强健的人相比较，我们就会非

一个人心灵的配置或气质若能使他在世上得到进取和增长财富，就值得尊敬和尊重，这一点我们已经说过了。因此我们可以自然地认为，实际拥有财富和权力，对于赢得尊敬和尊重的情感将有重大意义。

让我们考察一下可以用来说明人们为什么尊重财富和权力的任何假设吧，我们将发现这些假设没有一个是令人满意的，只有下面的假设除外，那就是，人们对财富和权力的尊重是由于一个人的兴隆、幸福、舒适、富足、威严、事事如愿等情景给旁观者带来的快乐引起的。例如，自爱是十分有影响的一种感情，以至于人们把它看成是一切情感之源，但它显然不足以说明我们现在的问题。如果不是他人的善意和友谊表现了出来，我们就很难想象，我们凭什么能希望从他人的财富中得到好处，尽管我们自然而然地尊敬富人，即使在他们尚未对我们表现出任何那种善意和友谊的良好性情的时候。

当我们远在富人的活动领域之外，以至于可以认为他们没有帮助我们的能力的时候，我们也会感受到同样的情感。在一切文明国家中，战俘受到与其地位相应的尊重，而财富显然有助于确定任何人的地位。如果我们把人的出身和品质也考虑进

常忧郁地想到，我们都太体弱多病了。因而神学家就利用这个题目去压制人们的自大和虚狂。如果我们思想的共同倾向并非总要我们自己和他人相比较，那么这些神学家本来会更有所作为的。年老体弱使人感到耻辱，因为人们会同年轻人相比。对国王的瘰疬病总要极力加以掩饰，因为它会影响别人，还常常传染给后人。这种情况几乎同有些疾病，如癫痫、脓疮溃烂等的情形一样，这些疾病带来了令人恶心或恐怖的景象。——原注

去，也可以给我们提供说明眼下问题的论证。我们说一个人出身高贵，是指他的先祖很多世代以来就是殷富而有权势的，他得到我们的尊敬是因为我们尊敬和他有血缘关系的人，除此以外，难道我们还有别的什么理由吗？因此，他的先祖虽然死了，仍然因为他们的富有而受到几分尊敬。所以，这里并不存在对他们的任何期待。

不过，要找出对财富无私尊重的事例，我们用不着奢谈战俘或死者，只要稍微留意我们日常生活和交谈中的那些现象就够了。假设一个人没有职业但有足够的财富，他被带到一群陌生人中间，当他知道了他们各自不同的财富和身份之后，就自然而然地对他们表示不同程度的尊重，尽管他不可能当时马上就打算从他们那里得到任何钱财方面的利益，也许他也不会接受任何这样的利益。如果从一个旅行者所带的随从和装具，可以看出他是具有很多或适当财富的人，那么人们总会允许他加入同行，并待之以相应的礼遇。总之，人的不同地位在很大程度上是根据财富的多少来规定的，而且不论对上级还是下级，生人还是熟人，都是如此。

因此，我们最终只能得出结论：不管是现在还是在某个想象的将来，因为我们只是把财富当作满足我们欲望的工具而欲求它，财富就仅仅因为这个作用而得到了他人的尊重。这实际上是财富的本性或实质：财富与有用物品、生活的便利和乐趣有直接的关系。正因此，破产银行家的银票，荒岛上的黄金都是毫无价值的。当我们接近一个我们所说的生活舒适的人，于是在我们面前就呈现出富裕、满足、清洁、温馨等令人愉快的观念。我们看到了漂亮的房子，高雅的家具，周到的服务，以及应有尽有的衣食。相反，当一个穷人出现在我们面前，我们马上会想到一些令人不快的景象：一贫如洗的生活，艰苦繁重的劳作，家中龌龊的陈设，身上褴褛的衣衫，令人作呕的饮食。除此以外，当我们说一个人富裕，另一个人贫穷时，还会指别的什么吗？因为对人的尊重和轻蔑自然而然取决于那些不同的生活状况，所以我们很容易看出，这一情况给我们前述有关一切道德区分的理论提供了新的说明和证据。①

如果一个人纠正了一切可笑的偏见，而且根据哲学和经验，充分、真诚、坚定地相信，由财产的差异所造成的幸福的差异并不像通常想象的那么大，那么，这样的人就不会根据熟人的租金收入的多少来分配对他不同程度的尊敬。诚然他可能在表面上对臣民之上的君主表示崇高的敬意，因为财富因其最稳固、最确定而成为区分尊敬程度的最方便的根据。不过，他内心的情感与其说是由他对财富的偶然不定的爱好来规定的，不如说

---

① 当我们考虑他人的财产和地位问题时，在我们的感情活动中有某种情况十分独特，似乎是无法解释的。他人的发展和兴隆常常使人嫉妒，这种嫉妒混有强烈的憎恨，并主要是因为把自己和他人相比而产生出来的。而在这同时，或至少稍过一会儿之后，我们就会感受到尊敬的感情，这种感情是带着谦卑意味的爱或友善。另一方面，同伴的不幸往往引起我们的怜悯，在这怜悯中混有强烈的善意。这种怜悯的情感同轻蔑，即混有高傲的厌恶十分相似。我只是指出这些现象，把它们作为与道德研究有关的此类奇妙现象的一个思辨题目。就我们现在的目的而言，我们只要一般地说明，权力和财富通常引起人们的尊敬，贫穷和卑贱通常引起人们的蔑视，就足够了，尽管某些特殊的情景和事件有时也会引起嫉妒和怜悯的感情。——原注

是受那些人的个人品格影响的。

在大多数欧洲国家，是不是名人贵族，即是不是带有君主颁发的称号和封记的世袭富人，是决定人们不同尊敬程度的主要根据。在英国，人们更尊重现实的富足。每一项活动都会有其有利和不利的一面。在出身受到尊重的地方，心灵消沉颓废的人就会停留在傲慢怠惰的状态，他们梦想的不是别的，只是血统和门第；心灵宽广和有抱负的人则追求荣誉和权势、声望和特权。在财富成为主要偶像的地方，会出现两种倾向。一方面，腐化、贿赂、抢劫就会到处盛行；另一方面，技术、制造业、商业、农业就会兴旺发达起来。前一种偏向有利于伸张武德，因此更适合于君主国。后一种偏向主要鼓励勤勉，因此与民主政体较为一致。我们也因此发现，这两种形式的政府通过各自改变那些习俗的功用，通常对人的情感产生了相应的影响。

第七章　论直接使我们自己愉快的品质

不论任何人，只要他同一些非常忧郁的人度过一个夜晚，并且看到，当一位愉快活泼的同伴到来时，这些人立刻谈笑风生起来，每个人脸上泛起快活的表情，言谈举止中充满了欢乐，这个人很容易承认，快乐具有很大的价值，而且能自然而然地博得人们的好感。实际上没有什么品质能比快乐更容易感染周围的人，因为没有什么品质能比快乐更适于在愉快的交谈和消遣中表现出来。这种快乐之情在周围的人中蔓延开来，连最沉闷的人也往往被感染。忧伤者忌恨欢乐者，甚至贺拉斯也这样说，但我难以同意。因为我总是看到，如果快乐是适度和适当的，它就会驱散忧郁者心中常有的压抑，给他们带来异常的欢乐，从而使他们成为十分快乐的人。

快乐可以传递，也可以博得赞许。从快乐的这个作用中我们可以看到，人还有另一类精神品质，它们不论对社会还是对具有该品质的人，都没有任何效用或任何促进长远利益的倾向，但却能把快乐散播给旁观者，并赢得他们的友情和尊重。旁观者对具有这些品质的人的直接感觉是愉快的。其他人也借着一种感染力或天生的同情,沉入到同样的情绪中,并获得这种情感。因为我们总是喜爱一切使我们快乐的东西,于是我们就对带来如此巨大快乐的人产生了一种好感。他是一个使人更加振奋的人,他的出现给我们带来更加安然的满足和欢乐。我们由于体会到他的感受和性情,所以我们的想象受到了比我们看到忧郁、沉闷、悲伤、焦虑的脾性时更加愉快的影响。因此,伴随前者的是热爱和赞许,我们想到后者时带来的是反感和厌恶。①

几乎没有人会羡慕恺撒所描述的卡西乌(Cassius)的品性:

"他不喜爱戏剧,就像你,安东尼,不喜爱戏剧一样。他不听音乐,也不太爱笑。他如果笑起来就好像在自嘲,好像在嘲弄他那可以用来讥笑任何事物的心灵。"

这种人不仅像恺撒后来又说的那样是危险的,而且由于他们自己享受不到什么快乐,所以,他们不可能和别人融洽相处,不可能增进社会快乐。在一切礼仪之邦和温文尔雅的年代,如果一种乐趣是有节制的、文雅的,那么即使对于最伟大的人物也被认为很有价值,而对于下层人士就变得更不可少了。一位法国作家在谈到那种情况下自己的心境时有一段优美的描述,他说:"我爱好德行,如果实行起来不那么艰辛;我爱好享乐,如果不引起怠惰;我爱好生命,如果没有对死亡的恐惧。"②

① 在特定情况下,任何人都会受到恐惧、愤怒、抑郁、悲伤、痛苦、忧虑等一切不愉快感情的影响。这些感情是天生的,人人都有的。就此而言,它们并不能造成人和人之间的差异,也不会成为谴责的对象。只有当人的心境使那些不良情绪成为一种倾向,它们才有损于人的品格,才由于产生不快,给旁观者带来厌恶的情感。——原注

② 17世纪法国作家圣·埃弗雷蒙语。

当人们看到任何一件表现心灵之伟大或品格之高贵的非凡事件，看到高尚的情感和对奴性的鄙视，看到由自觉的德行中产生出来的崇高的自豪感和精神风貌，有谁会不为之感动呢？朗吉努斯（Longinus）说①，崇高往往不是别的，只是恢宏事物的反响或影像。如果任何人表现出这种品质，即使他一言不发，这种品质也会激起我们的赞美和欣赏，这就像《奥德赛》中所描述的埃亚斯（Ajax）保持沉默的那个著名故事②一样，他的沉默比任何语言都更能表达出高傲的轻蔑和强烈的愤慨。③

巴门尼奥（Parmennio）说，假如我是亚历山大，我就接受大流士（Darius）④的这些提议。亚历山大回答说，假如我是巴门尼奥，我也接受这些提议。朗吉努斯说，根据同样原理，亚历山大的说法是令人赞赏的。⑤

当这同一位英雄的士兵拒绝跟随他到印度去，他向他嚷道：滚！去告诉你们的同胞吧，就说你们离开了正在征服世界的亚历山大。孔德（Condé）公爵⑥一直欣赏这段话，他说："亚历山大本人有这样一种帝王的尊严和权利感，当他在尚未完全被征服的蛮人中间被他的士兵抛弃了，他竟无法相信任何人会拒绝服从他。不论在欧洲还是在亚洲，不论在希腊人中还是在

---

① 朗吉努斯（约213—约273），古希腊晚期学者，著《论崇高》一文。

② 见荷马的《奥德赛》，第11章。

③《论崇高》第9章。——原注

④ 巴门尼奥（前400—前330），马其顿将军，菲利浦二世和亚历山大的得力将领。大流士三世（前380—前330），波斯国王。

⑤《论崇高》，第9章。——原注

⑥ 孔德（1621—1686），法国将领。

波斯人中，这一切对他都没有区别，只要他看到有人，他就认为是自己的臣民。"

在美狄亚（Medea）[①]经历的悲剧中，她的密友劝她谨慎和屈服，并在历数这位不幸的女英雄所遇到的一切危难之后问她，她依靠什么来反对她的无数不可宽恕的敌人呢？她答道：依靠我自己，我说是我自己，这就足够了。布瓦洛（Boileau）[②]正确地把这段话当作真正表现崇高的一个事例。

当谦虚文雅的弗西翁（Phocion）[③]被带去处死的时候，他转身对一个正在哀叹自己的厄运的同难者说："你同弗西翁一道赴死，难道不是非常荣幸的吗？"[④]

我们用塔西陀对维提里乌斯（Vitellius）[⑤]之死的描述作一个对照：他滚下了皇位，由于怜惜生命而拖长了所受的侮辱。他被交给了无情的暴民们，他们将他推来搡去，拳脚相加，用匕首顶着他的下颚，强迫他抬起头来接受各种凌辱。这对他是多么可鄙的丑事，多么卑贱的羞辱啊！这位历史学家说，然而即使在这种情况下，他仍发现一个心灵尚未完全堕落的迹象。

———————————

[①] 希腊神话中的女英雄。

[②] 布瓦洛（1636—1711），法国诗人和文学批评家，翻译了朗吉努斯的《论崇高》。

[③] 弗西翁（前402—前318），古希腊雅典政治家、将军，反对以德谟斯梯尼为首的反马其顿党，是雅典公元前323年至前318年的实际统治者。

[④] 普鲁塔克:《弗西翁传》。——原注

[⑤] 维提里乌斯（15—69），罗马皇帝。

因为他对一个侮辱他的军官回答说：我仍然是你们的皇帝。①

我们不能原谅在社会和在共同的生活交往中毫无骨气、毫无尊严的品格，或专顾自己的观念。当一个人为了达到自己的目的可以在最下贱的奴隶面前卑躬屈膝，可以向虐待他的人献媚取宠，可以和平庸的下等人狎昵亲近，那么这种恶行就构成了我们恰当称之为的卑鄙。每个人都应当有某种程度的强烈的自豪感或自尊心，如果心中没有这种情感，就会使人不快，就如同脸上缺少了鼻子、眼睛或任何重要的器官，或失去了一部分肢体使人不快一样。②

勇敢这个品质对于公众和对于具有这个品质的个人都是有用的，它的效用是它的价值的一个明显根据。任何适当考虑这个问题的人都会看到，这个品质似乎有一种完全从它自身、从与它不可分割的庄严的崇高中焕发出来的特殊光彩。画家和诗

---

① 见塔西陀：《历史》，第三卷。作者叙述说："他被带了进来，衣衫破烂，令人作呕，许多人对他耻笑，没有人为他哭泣。他死得那样丑陋，已唤不起任何怜悯。"如果我们完全按这种方式考虑问题，我们就必得同意古代的一个格言：受辱之后不应苟生。而因为人永远有处理自己生命的权利，所以在这里放弃生命就成为一种责任。——原注

② 这种德的欠缺往往是一种恶，而且是最严重的一种恶，就如在忘恩负义和卑鄙等情形中的恶一样。当我们期待一件美丽的东西，如果失望了，就会引起不舒服的感觉，并产生出真正的丑。从另一方面看，品格的卑鄙也是令人讨厌和蔑视的。如果一个人自己不自重，我们也同样不会对他有较大的尊重。如果一个人对他的上级低三下四，对他的下级蛮横无理（这种事情是经常发生的），那么，这种行为上的反差不但不能纠正前一行为的恶，还会因为又增加了一种更可憎的恶而使前一种恶大大加剧。参见本书第八章。——原注

人描绘了勇敢的人物，在这个人物的每一特征中都表现出崇高和无畏的自信，它们是赏心悦目、惹人喜爱的，并借助于同情，把同样崇高的情感散布给每一个旁观者。

当雄辩家德谟斯梯尼为自己的政绩辩解，并证明他曾用来激励雅典人的那种对自由执着的爱是合理的，这时，他是怎样生动描述菲利浦（Philip）①的呢？他说："我看到菲利浦，那个与你们争斗的人，他毅然不顾遍体鳞伤去追求帝位和王权。他的眼睛被划破了，他的脖颈被扭伤了，他的手臂和大腿被刺穿了。他欣然牺牲自己的每一块肉体，只要能以残存之躯光荣而显耀地活着。人们会说，这个出生在培拉（Pella）②这块至今仍然是穷乡僻壤的人，尚能具有如此远大的抱负和对功名的渴望，那么你们雅典人又怎样呢？"德谟斯梯尼对菲利浦的这番赞美能激发起雄心壮志，但我们看到，他描述的景象既没有使我们的想象超出这位英雄本身，也没有使我们考虑他的英勇行为将带来的有益后果。

罗马人的尚武精神因连绵不断的战争而变得狂热，使他们对勇敢的尊崇提到很高的地步，以至于在他们的语言中把勇敢称之为德，把它看成是非凡的，把它与其他一切道德品质区分开来。塔西陀认为，苏维人③令人赞叹地有意把他们的头发梳理成那种古怪的样子，不是为了爱或被爱。他们打扮自己只是为了他们的敌人，为了看上去更加可怕。这位历史学家的感受

---

① 指马其顿王菲利浦二世（前382—前336）。

② 马其顿国的都城。

③ 日耳曼人一族，1世纪末主要生活在易北河以东。

在别的国家和别的年代听起来是有点古怪的。

据希罗多德说，斯基台人（the Scythians）剥下敌人的头皮后，把它像别的皮子一样穿戴起来，把它当作布，谁这样的布最多，谁在他们中就最受尊敬。在这个民族以及其他许多民族中，战争中的好勇斗狠精神已经极大地破坏了人们的仁爱情感，而仁爱无疑是更有用、更迷人的一种德。

我们确实可以看到，在一切未开化民族中，当人们尚未充分经验到仁慈、正义和社会美德所带来的利益时，勇敢是最主要的优点。诗人热情地赞美它，父母和教师极力推崇它，公众普遍欣赏它。在这一点上，荷马的道德观与他的高雅的模仿者费内隆（Fenelon）① 的道德观十分不同，而且非常符合于那样一个年代，就像修昔底德斯所说，在那时，一位英雄可以毫不冒昧地问别人是不是强盗。这也是最近在爱尔兰许多未开化地区流行的道德体系，如果我们可以相信斯宾塞（E. Spenser）② 对那个王国情况的慎重描述的话。

能够克服痛苦、悲伤、忧虑和厄运的每次打击而不受任何纷扰的哲学的平静，是与勇敢属于同一类的德。哲学家们说，由于意识到自己的德，贤人就使自己超然于一切生活事件之上，他安居于智慧的殿堂中，藐视那些追名趋利、寻求各种琐屑乐趣的劣等人。哲学家们的这些主张如果极大地推广开来，无疑对人性有重大意义。不管怎样，这些主张带来了能吸引旁观者，

① 费内隆（1651—1715），法国大主教、神学家和作家。

② 斯宾塞（约 1552—1599），英国文艺复兴时期的诗人，曾任英国驻爱尔兰总督秘书。

使之赞叹不已的一种崇高性。我们越能实际接近这种崇高的平静和不动心状态（我们必须把它和愚钝区分开来），我们就越能从内心得到无忧无虑的快乐，就越能彻底向世人展示心灵的伟大。哲学的平静实际上可以仅仅作为高尚情操的一支来看待。

苏格拉底在极度的贫困和国事烦扰的情况下，始终保持心情的平静和满足。他毅然地藐视财富，对维护自由极为关注，而对友人和信徒提供的帮助，他却一概拒绝，甚至避免依赖任何恩惠。对于这样的苏格拉底，有谁会不赞赏呢？爱比克泰德[①]穷得一贫如洗，茅屋上甚至连门也没有，因此不久以后他的唯一一件值钱的家具，一盏铁灯，也被偷走了。他决心从此让一切强盗都大失所望，于是他在小屋中添置了一盏泥灯，此后他一直平安无事地把这盏泥灯保存了下来。

在古人中，哲学界的英雄与战争中的英雄和爱国者一样，都具有恢宏而有力的情感，它使我们狭隘的灵魂感到震撼，并把它当作高不可攀、超乎自然的东西而轻率地抛弃掉。不过反过来，我也同意，如果有任何人真能把当代政府管理中我们已经做到的那层仁爱、宽厚、秩序、安定以及其他的社会美德公正地描述出来，那些古人也会依同样理由认为它们是浪漫而不可思议的。这是自然，或更确切地说，是教育对不同时代的美德和德行进行分配时所做的平衡。

慈善的价值是从它的效用和促进人类利益的趋向中得来的，对这种价值我们已经作了说明，人们对仁慈的普遍尊重无疑有很大一部分是从这种价值中来的。但是我们也会同意，这

---

① 爱比克泰德（55—135）：古希腊斯多亚派哲学家。

种情感是非常温柔宽厚的，它博得了人们的喜爱，表达出绵绵情意，体现了细致入微的关注，它所洋溢着的互相信赖和关心全都与爱情和友谊热切相通。我是说，我们同意，这些感受由于本身是令人愉快的，因此必然会传给旁观者，使他们沉浸在同样的喜悦和惬意之中。一旦我们理解了这种炽热的情感，我们就不由自主地热泪盈眶，心怀起伏，情绪激动，我们身体构造中的各种仁爱温柔的成分都会活动起来，给我们以十分纯真而满意的快乐。

诗人描绘了伊利茨姆福地（Elysian fields）[1]的景象，那里的幸福居民并没有互相援助的必要，但诗人仍把他们描写成始终保持着友爱的交往，这些温文尔雅的感情呈现出令人愉快的景象，诗人就用这种景象抚慰我们的想象。根据前面所说的同样原理[2]，充满田园情调的阿卡狄亚（Arcadia）[3]的淳静风光的观念，能使人感到愉快。

谁会愿意生活在无休无止的争吵、谩骂和互相攻讦之中呢？这些情绪是粗野尖刻的，使我们烦恼和不快。这时，我们由于感情传染和同情而受着折磨，即使这种愤怒的感情肯定不会引出任何有害的后果，我们也不会保持袖手旁观。

慈善的价值并非全是从它的效用中来的，作为对此的某种证据，我们可以注意到，如果一个人的行为超出了他的社会身份，他对别人的注意超出了适当的范围，我们就会用一种温和

---

[1] 希腊神话中的极乐之地。

[2] 第五章，第二节。——原注

[3] 古希腊一山地牧区，以民风淳朴宁静著称。

的方式责备说:这个人太好了。同样,我们还说一个人太热情了,太勇敢了,对财富太不关心了等等。实际上说到底,这些责备与其说是意味着多方的颂扬,不如说是意味着尊敬。在对品格是否有价值进行评价时,我们习惯于主要根据它们有用或有害的倾向,因此当我们发现一种情感发展到有害的程度,我们就不由自主地对之使用谴责性的词。但同时也可能发生这样的情况:如果这种情感是庄严崇高的,或者温柔迷人的,因而支配了我们的心灵,那么它也会加深我们对这个人的友情和关切。[①]

在同盟内战[②]期间,法王亨利四世常因风流多情而给他的利益和事业造成损害,但是,至少对所有青年人和对那种温情有同感的多情者来说,他们都承认,恰恰主要因为他的这个弱点(他们很乐于这样来称呼之),才使这位英雄惹人喜爱,才使他们对他的命运感到关切。

查理十二世[③]是个骁勇异常、坚忍不拔的人,他的这个气质不但给他自己的国家带来了破坏,也使他的邻国遭到侵扰。但是,他的勇敢坚韧却表现出一种豪壮磅礴的气势,使我们称羡。而且这种气质本身如果不是因为有时表现出过分明显的狂乱迹象,甚至可以得到我们某种程度的认可。

雅典人自称最先发明了农业和律法,并总是根据由此给全

---

① 没有恰当原因或理由地纵乐无度是愚蠢行为的确切表现或特征,并因而令人厌恶。如果情况不是这样,快乐本来是不会因其过分而遭受谴责的。——原注

② 指 1562 年至 1594 年法国发生的内战。

③ 查理十二世(1682—1718),瑞典国王,曾不断对外征战,屡获胜利。

人类带来的利益而极端自诩。他们还夸耀（也不是没有道理的）他们的战事，特别是与大流士和薛西斯（Xerxes）[1]统治时期入侵希腊的大批波斯陆军、海军的战斗。虽然就效用而言，我们无法对和平和军事两方面的荣誉进行比较，但我们发现，对雅典各城邦写下如此精美颂词的演说家们主要是以宣扬战争伟绩而取得成就的。我们发现，莱西亚（Lysias）、修昔底德斯、柏拉图和伊索克拉底（Isocrates）[2]都有同样的偏好，虽然经过冷静的推理和思考，人们会谴责这种偏好，但它是很自然就出现在人心中的。

我们可以看到，诗歌的巨大魅力就在于它生动地描写了崇高的感情、宽广的胸怀、无畏的勇敢和对命运的蔑视，描写了温柔的爱情和友谊，这些描写温暖了人心，使它洋溢着相似的情感和情绪。我们看到，尽管各种感情，哪怕是悲痛和愤怒之类最令人不快的感情，如果用诗歌来渲染，也会通过一种难以解释的自然过程，给人带来满足。但是那些比较崇高、比较温柔的感情却有一种特殊的影响，而且借不止一种原因或原则使人感到快乐。更不用说，唯有这些感情才使我们关心诗中所描述的人物的命运，或使我们尊敬和热爱他们的品格。

诗人具有唤起激情，使情感变得哀婉而崇高的才能，这个才能本身是一种非常重要的优点，对此难道还会有什么疑问吗？而这种才能因极为罕见而提高了价值，那么是否能把具有这种

---

[1] 指波斯王大流士一世和波斯王薛西斯。

[2] 莱西亚（前459—前380），雅典十大演说家之一。伊索克拉底（前436—前338），古希腊演说家和修辞学家。

才能的人捧得高高在上，超过他同时代的一切人呢？如果拿恺撒和维吉尔相比，恺撒是深谋远虑、风度高雅、稳健持重、治国宽仁的，他还有高贵的出身和帝国的王权作为绚丽的陪衬。这一切使他在名望上与维吉尔不是同等的对手，因为后者除了他的文才所表现出的神圣美之外，没有任何东西能与前者相比。

对这些美所具有的敏感性，或趣味的敏感性，在任何品格中其本身就是一种美，因为它带来一切快乐中最纯粹、最持久、最无邪的快乐。

以上是关于人的几种优点的实例，这些优点被认为能给具有这些优点的人带来直接的快乐。人们对这些优点有赞赏的情感，这个情感并非着眼于功利或将来的利益，但它同着眼于公共或个人功利而产生出来的其他情感是相似的。我们可以看到，两者都是从同样的社会同情，或对人类苦乐的同情中产生出来的。目前这个理论各方面的这种相似性，可以恰当地认为是对那种同情的确认。

第八章　论直接使他人愉快的品质 *

社会中的互相冲突和利益与自爱之间的对立，迫使人类制定了有关正义的法律，以维持由互相支持和保护所得到的好处。同样，人们的傲慢和自负造成了人们在交往中的长期对立，因此，人们提出了优良举止或礼貌行为的准则，以促进思想交流和无阻碍的交往与对话。在有教养的人中间，人们乐于互相尊重，将对他人的轻蔑含而不露，从不炫耀自己的权势，既不带激烈的情绪，也不打断别人的谈话，也没有争强好胜、盛气凌人的现象。这些关注和尊重能直接使他人愉快，并不存在功利或利益倾向方面的任何考虑，它们得到了人们的喜爱，增加了人们的尊重，极大地提高了用它们规范自己行为的人的价值。

虽然许多礼仪形式是任意的和偶然的，但是它们表达的意

---

* 德是能使所有考虑和思考它的人愉快或赞同的一种心灵品质，这是德的性质，实际上又是德的定义。但是，有些品质产生快乐，因为它们对社会有用，或对具有这些品质的人本身有用，或使他们愉快；另外一些品质产生快乐则比较直接，这就是我们这里所考察的这一类德的情况。——原注

思是同样的。西班牙人总是先于客人走出自己的房门，意思是悉听客人尊便。在另一些国家，主人则最后走出房门，这通常表示恭顺和尊重。

但是，一个人要成为完美的好伙伴，他不但应当有良好的举止，还应当是有智慧的、聪明的。什么是智慧，可能很难作出定义，但是我们无疑很容易断定，智慧是直接使他人愉快的品质，它刚一表现出来，就会给一切理解它的人带来强烈的快乐和满足。人们甚至用最深奥的形而上学来说明各种各样的智慧，其中许多智慧是我们只根据趣味和情感的验证才为我们现在所承认的，它们也许可以被分解为一些更基本的原则。但我们现在的目的是要说明智慧对趣味和情感确有影响，它由于带来直接的快乐而成为赞许和喜爱的一个确凿的根源，就此而言，我们上面所说的就足够了。

在有些国家，人们把大部分时间用于交谈、访友和聚会。可以说，这些善于交际的品质受到高度的尊重，并构成个人价值的主要部分。而在有些国家，人们比较倾向于居家生活，他们要么忙于事务，要么在狭窄的熟人圈子里自享其乐，那么，比较沉稳的品质就得到主要的尊重。所以，我们常常注意到，在法国，人们对一个陌生人最初的疑问就是：他是否有礼貌？是否机智？而在我们的国家，我们主要赞美的总是脾气好、通情达理的人。

在人们的交谈中，生动活泼的谈话气氛是令人愉快的，即使对那些本无心参加谈话的人也是同样，因此，长篇大论夸夸其谈的人是很不受欢迎的。而大多数人也同样希望在谈话中轮到自己，他们对唠叨饶舌是非常愤恨的，认为这剥夺了他们自然而然小心保护的谈话权利。

在人们的交往中，常常可以碰到一类无害的说谎者，他们说了许多奇妙的谎言。他们说谎通常是为了取乐和消遣，但由于他们所构想为真的事都是人们非常喜欢的事，所以说谎者用以取乐的方法是极端错误的，并引起了普遍的谴责。不过，在幽默故事中也尽情采用了假话和虚构，因为在那里采用假话和虚构实际上使人感到愉快和开心，而故事的真实性则并不重要。

雄壮的辩才，各种的天赋，乃至良好的感觉、正确的推理，当它们达到杰出的地步，并被用于任何十分庄重、需要细致辨别的题目上，那么，所有这些禀赋似乎都直接使人愉快，并具有与它们的有用性不同的价值。同样，物以稀为贵，人类心灵的这些高贵才能也必定因其稀少而获得额外的价值。

谦虚可以从不同的意义上来理解，甚至可以从我们已经说过的贞操中引出来。谦虚有时指柔和细腻的荣誉感，有时指对遭受责备的担心，有时指唯恐伤害或打扰他人，有时指 *pudor*①。它是各种德行的合适的捍卫者，是防止罪恶和腐化的可靠的防腐剂。不过，它最通常的含义是用于和无礼、傲慢相对，表明对自己的判断缺乏自信，表明对他人应有的注意和尊重。主要对青年人而言，这种品质确实表现出一个人的明智，它也是通过集思广益使人更加明智的一个可靠的办法。而且，一个人的谦虚使其他每个人的虚荣心都得到满足，谦虚者表现得就像顺从的学生，对他人的每一句话都洗耳恭听，于是，谦虚对每一个旁观者就有了更深一层的魅力。

---

① 拉丁词，指羞怯、自尊心、荣誉感等。

一般说来，人们更乐于高估自己而不是低估自己，尽管亚里士多德的看法不同。①这就使我们更加小心提防过高地估计自己，使我们特别纵情地关注一切谦虚谨慎的倾向，因为我们认为，与陷入任何高估自己的极端有害的情况相比，这样做的危险性要小一些。因此，在人体趋于过度肥胖的国家，比起苗条已成为最常见缺陷的国家，人体美更加取决于苗条的程度。人由于经常看到一种丑恶现象，于是就认为他们自己也完全无法摆脱那种丑恶，因而总希望倾向于相反的方面。同样，如果我们容许自吹自擂，如果我们遵守蒙田（Montaigne）②的格言：一个人应当坦率地说：我有理智、我有知识、我勇敢、美丽、机智，就像我们经常确实认为的那样。如果真是这样，我可以说，每个人都会感到，这样一派傲慢态度是对我们的冒犯，同时使社会完全不能容忍。正因如此，在一般社会中，人们根据习惯确立了如下原则：人不应大肆自我吹嘘，甚至不应过多谈论自己，而只有在密友或具有明显男子风度的人中间才允许恰如其分地评断自己。有人曾问奥伦治亲王莫里士（Maurice）③，他认为谁是当代最优秀的将军。亲王回答说：斯皮诺拉（A. Spinola）侯爵④位居其次。对于他的回答，没有任何人认为不妥。但值得注意的是，这里亲王的含蓄自夸要比不加任何掩饰和伪装地直接说出来更巧妙地表达了他要说的意思。

---

① 亚里士多德：《尼各马可伦理学》。——原注

② 蒙田（1533—1592），法国人文主义思想家。

③ 莫里士（1567—1625），荷兰联省共和国的执政和统帅，曾领导了为荷兰独立与斯皮诺拉的西班牙军队的战斗。

④ 斯皮诺拉（1569—1630），西班牙著名军事统帅。

如果有人认为，凡是体现人们互相尊重的事情都会得到真诚的理解，如果他认为，一个人会因为无视自己的优点和才能而更受尊重，那么，他一定是考虑问题非常肤浅的人。一个人稍有一点谦虚的倾向，哪怕只是内心情感上的，也是可称赞的，尤其对青年人更是如此。而在人的外在行为方面，则需要有很强的谦虚倾向，但这并不排除一个人在受到任何诬蔑和压迫的情况下，可以公开而淋漓尽致地表现出高贵的自尊心和崇高的气概。苏格拉底有一种西塞罗所称的高尚的抗拒精神，并已受到历代人的高度称赞。当这种精神同他行为上的谦虚结合在一起，就形成了光彩照人的品格。雅典人伊菲克拉特（Iphicrates）[①]被指控背叛国家利益，他问指控者说，在同样情况下你是否会犯下同样罪行呢？那人回答说，绝不会。于是这位英雄大声说道：那么你怎么能想象伊菲克拉特会犯如此罪行呢？[②]简言之，具有可靠根据的、体面掩饰着的、在危难和谤毁之下仍勇敢坚持的高尚气概和自重精神，是一个伟大的美德，而且，似乎由于情感的庄严崇高，或由于它给它的所有者带来了直接的愉快，它才获得了它的价值。在一般的品格中，我们赞成谦虚的倾向，谦虚是直接使他人愉快的品质。自尊自重之德如果恶性膨胀，就成为傲慢或高傲，会直接使他人不快；谦虚之德太过分，也会给具有这个德的人带来不快。这样，我们就对这些道德责任的界限做出了调整。

追求名气、声誉，或在他人中的声望，是不应受到谴责的，

---

① 伊菲克拉特（约前415—前353），古希腊雅典将军。

② *Quinctil*，第五章，第12节。——原注

这种欲求似乎与人的美德、天才、能力、高尚或崇高的气质是分不开的。即使为了取乐而关心琐事也是社会所期望和要求的。不论什么人，如果他发现一个人在交际场合比在家中和家人相处时更注意仪表的高雅和谈吐的宜人，是不会感到奇怪的。虚荣心被十分恰当地认为是一个缺点或缺陷，这又是为什么呢？这似乎主要在于：它过分地炫耀我们的长处、荣誉和成就；公开地强求得到表扬和赞赏，以至于冒犯了他人，过分伤害了他人的潜在的虚荣心和功名心。此外，它也确实是内心缺少真正尊严和崇高性的表现，这种尊严和崇高性是能使任何品格都大为增色的。为什么你迫不及待地想要得到人们的喝彩呢？就好像你不配正当地得到喝彩，好像你没有理由期待那喝彩永远与你相伴似的。为什么你那样急于告诉我们你同大人物的交往，告诉我们你所听到的恭维之词，告诉我们你所得到的礼遇和殊荣呢？好像这些都不是当然的事情，好像都不是你若不告诉我们，我们就不会轻易自行想到的事情。

处事得体，或者处事中恰当地考虑自己的年龄、性别、性格和在世上的地位，是可以被列入直接使他人愉快，并因此得到人们赞赏的品质之中的。男人的柔弱和女人的粗鲁都是很丑陋的，因为它们不合乎他们各自的特点，而且和我们期待两性所应有的品质相违背。这就好像一出悲剧充满了喜剧美，或一出喜剧充满了悲剧美那样。这种失调使人看了难受，给观众带来了不愉快的情感，引起人们的谴责和不满。这就是西塞罗在《论职责》一文中大量详尽说明的那种 *indecorum*（不适当，不雅观）。

在其他直接使人愉快的美德中，我们还可以给爱清洁以一席之地，因为这种美德使我们自然而然地得到别人的好感，而且它是爱情的一个不容忽视的根源。任何人都不会否认，在这方面漫不经心是一个缺点。因为缺点无非是较小的罪过，而这个缺点又只能出自于给他人造成的不舒服的感觉，所以，在这个事例中，我们似乎可以非常细致而清楚地发现道德区别的根源。在这方面，许多学识渊博的人都陷入了困惑和错误的迷津。

对许多令人愉快的品质，我们对其美的来源都能作出某种程度的说明和解释，但除这些品质之外，还有一些品质是神秘而无法解释的，这些品质给旁观者带来直接的满足，可是连旁观者也不会妄称能确定它们怎样、为什么、根据什么理由会这样。有的人举止端庄、高雅、潇洒、彬彬有礼，具有我也不知其为何的风度，这种风度是别人所不及的，它与外在的美和秀美十分不同，而且不论怎样，它几乎一下子就强烈博得了我们的喜爱。虽然这种风度主要在两性之爱中被谈到（这里所包含的魅力是很容易加以说明的），不过，在我们对人的品格所作的一切评价中，它确实大都被普遍考虑到，并构成了人格价值的不容忽视的组成部分。因此，对人的这一类才能应当完全盲目地相信，它们肯定是趣味和情感的证据。而且，应当把它们看成是伦理学的组成部分，它们在本性上使哲学的全部尊严受到打击，使哲学意识到，哲学的疆界是狭窄的，收获是微薄的。

我们赞赏他人，是因为他的机智、礼貌、谦虚、文雅，或因为他所具有的任何令人愉快的品质，尽管他并不是我们的熟人，他的那些才能也从来没有给我们任何乐趣。对于他的这些才能对他的熟人所发生的作用，我们形成了一个观念，这个观念对我们的想象有令人愉快的影响，并使我们产生了赞赏的情感。这个原理适用于我们对人的举止和品格所作的一切判断。

第九章 结论

第一节

也许确实显得很奇怪，一个人直至晚年才发现必须通过细致的推理来证明，人格价值完全取决于是否具有对自己或对他人有用或使之愉快的精神品质。人们或许认为，这个原理即使那些初出茅庐没有经验的道德研究者也会想到，而且不需任何证明或争论，就可以从它本身的证据中得到。任何一种有价值的东西都自然而然地属于有用的或使人愉快的，即 *utile* 或 *dulce*① 之列，以至于很难想象我们为什么还要对此作进一步探讨，或把这个问题看成是一个要进行细致研究或考察的问题。因为每件有用或使人愉快东西都必定具有不是对本人就是对他人有用或使之愉快的性质，所以，我们以此对价值所作的全面概括或描述，都是自然而然作出的，就好像太阳在地上投下的物体的影子，水中倒映出的物体的影像一样。如果太阳投影的

① "有用的"和"使人愉快的"的拉丁词。

地面是平整的，映出倒影的水面是平静的，那么，我们不需要任何技巧或注意，就可以立刻在地面上和水面上看到那个物体的恰当形象。我们似乎可以作出如下合理的推测：各种理论体系和假设已经使我们天生的悟性发生了扭曲，以至于一个非常简单明了的理论长期得不到认真的考察。

但是，不论这种情况在哲学方面会怎样，在日常生活中，这些原则仍然在默默地起作用。当我们对人类的行动或行为作出毁誉褒贬的时候，除了这些原则以外，没有任何有关赞扬和谴责的其他理论会被提出来。如果我们对从事各种事务或娱乐交往、进行各种会话和交谈的人作一番观察，我们就会发现，除了在大学里，他们在任何时候都不会对这个问题有任何困惑。我们举例看一下，为什么下面的对话是很自然的呢？我们假定一个人对另一个人说："你把你的女儿嫁给克利安提斯（Cleanthes）①是非常幸运的。他是一个正直仁慈的人。每一个同他交往的人都肯定会得到公正良好的对待。"②又一个人说："我也为你这位女婿的远大前程表示祝贺。他刻苦学习法律，对人情和商务有敏锐的洞察力，并很早就获得了这方面的知识，这些预示着他会获得极大的荣誉和进步。"③第三个人回答说："当你说克利安提斯是一个精通商务和实际运用的人使我很奇怪。最近我在一群快乐的人中碰到他，在我们的交谈中，

---

① 这是休谟在他的对话体著作中常用的一个名字，特别是在《自然宗教对话录》一书中。

② 对他人有用的品质。——原注

③ 对自己有用的品质。——原注

他完全是举足轻重的核心人物：他机智而高雅，豪爽而不做作，他的知识丰富精湛，并能彬彬有礼地表达出来。我以前从未看到任何人像他那样。"①第四个人说："如果你更熟识他，你会对他更加赞赏。你在他身上看到的那种欢乐，并不是因与人交往而突然迸发出来的，而是贯穿于他生活的整个过程中，并使他永远保持面容的安详和心灵的平静。他遇到过严峻的考验、不幸和危险，而由于他心灵的伟大，他战胜了这一切。"②我于是大声说道："先生们，你们这里所描述的克利安提斯是一个优点全面的形象。你们每个人都在他的形象上画了一笔，你们的画像已经不知不觉地超过了格拉蒂安（Gratian）或卡斯蒂廖内（Castiglione）③所描绘的一切画像。哲学家可以把你们画的人物选作德性完美的典型。"

凡对我们自己或他人有用，或使我们自己或他人愉快的各种品质，在日常生活中都被认作人格价值的组成部分，所以当人们排除了迷信和伪宗教的虚妄诡辩，借着自然而无偏见的理性来对事物作判断时，就不会承认除此之外的任何其他品质。独身、斋戒、修炼、苦行、克己、谦卑、寡言、孤寂和僧侣奉行的全套德行，处处为理智正常的人所不齿，这除了因为这些德行无助于达到任何目的，它们既不能增加一个人在世上的财富，也不能使他成为社会中比较尊贵的一员；既不能使他适于

① 直接使他人愉快的品质。——原注
② 直接使自己愉快的品质。——原注
③ 格拉蒂安，12世纪人，著《教令集》一书。卡斯蒂廖内（1478—1529），意大利作家，以所著《朝臣》一书闻名。

享受交友之乐，也不能使他提高自娱的能力，难道还会有什么别的理由吗？相反，我们看到，僧侣的德行与人们所欲求达到的那一切目的是背道而驰的，它们使人的理智变得迟钝，使心灵变得冷酷，使想象变得混沌，使脾性变得乖戾。因此我们会公正地把它们看成与真正的德行相反，把它们列入罪恶之列。世人中的任何迷信都没有足够的力量完全扭曲人类那些自然的情感。一个抑郁的、精神失常的狂妄之徒在死后也许能在历书上记上一笔，但在他活着的时候，除了那些与他同样疯狂、同样忧郁的人之外，人们是不会容许与他亲近和将他接纳入社会的。

目前这个理论没有陷入对人性中普遍存在的仁慈和自爱的程度问题的庸俗争论中去，这对于该理论是一件幸事。这个争论不可能得出任何结果，这既因为参加争论的人不容易被说服，还因为争论各方所能描述的现象非常分散，非常不确定，可以作出多种解释，以至于不可能对它们作精确的比较，不可能从中引出任何确定的推断或结论。就我们现在的目的而言，如果人们确实并非极为荒谬地承认，在我们心中灌输着某种仁慈的情感（不管它是多么微小），闪耀着某种人类友情的火花；在我们的心境中既有狼和蛇的因素，也伴有鸽子的成分，那就足够了。即使我们假定这些高尚的情感是十分微弱的，假定它们连驱动我们挥手弹指的力量也不够，但它们肯定仍指导着我们心灵的决断，而且在其他一切条件相同的情况下，使我们清醒地选择对人类有用和有益的东西，拒绝对人类有害和危险的东西。道德区分因此立刻出现了，这是一种谴责或赞成的普遍情感，是喜爱一类对象，相应厌恶另一类对象的一种倾向，不管这个倾向是多么微弱。有些理论家非常认真地主张人类有至上的利己心，他们如果听说在我们的本性中根植着微弱的善的情感，是无论如何不会愤慨的。正相反，我们发现，他们很乐于把两种原则同样保持下来，而且他们所持的讽刺态度（这种态度看起来并不是败坏的）很自然会产生出两种观点来，这两种观点实际上有重大的、几乎不可破坏的联系。

这里，我们把贪婪、野心、虚荣心，以及尽管不恰当，但通常被包含在自爱名下的各种情感都排除于我们关于道德起源的理论之外，这并不是因为这些情感太微弱，而是因为它们的方向不适于说明道德的起源。道德这个概念意味着全人类共有的某种情感，这种情感使同一个对象能得到普遍的赞成，使每一个人或大多数人，都对它有一致的意见或决断。这个概念还意味着非常普遍而全面的，乃至扩及全人类的某种情感，这情感使人的行为和活动（哪怕这些人是十分遥远的）都根据是否符合既定的正当性规则而成为赞成或谴责的对象。这两个必不可少的条件只属于我们在此坚持说明的那个仁爱的情感。其他那些情感虽然在每个人心中都产生了许多欲求和厌恶、爱和恨的强烈情感，但它们既不常被共同感到，也不那么全面，以至于任何关于谴责和赞成的普遍体系和既定理论，都不能以它们为根据。

当一个人把另一个人称作敌人、竞争者、对手、反对者时，人们认为他是在用自爱的语言讲话，他表达了他自己特有的、由他的特定环境和处境中产生出来的情感。而当他用罪恶的、讨厌的、堕落的等形容词来谈论任何人时，他说的是另一种语言，表达了希望全体听众与他同声相应的一种情感。因此他这时必须将他个人特殊的情境排除在外，必须选择他与别人共同的观点。他必须提出人类结构的某种普遍的原理，因而拨动全人类都与之和谐和共鸣的心弦。因此，如果他打算表明这个人具有的品质其倾向是对社会有害的，他就要选择这个共同的观点，并提到每个人在某种程度上都一致赞成的仁爱的原则。既然人类心灵都像现在这样由同样的元素合成，它就绝不会对公共利益完全无动于衷，也不会完全不受品格和举止倾向的影响。虽然仁爱的这种影响一般认为不会像虚荣心和功名心那样强烈，但由于它对一切人都是共同的，因此，只有它能成为道德或任何关于谴责和赞扬的普遍体系的根据。一个人的功名心并不是另一个人的功名心，同一件事情或对象也不会使两个人都满意，但是一个人的仁爱就是每一个人的仁爱，同一个对象可以打动一切人的仁爱之心。

从仁爱中产生的情感不仅在一切人中都是同样的，并引起同样的赞成或谴责，而且还把一切人都包括在它们的活动范围之内，没有任何人的行为或品格不是通过它们而成为各种谴责或赞成的对象的。反过来，其他那些被称作自私的感情，则一方面根据每个人的特定情境使他产生不同的情感，另一方面，又对大多数人无动于衷、漠不关心。凡是对我高度关心和尊重的人都满足了我的虚荣心；凡是对我表示蔑视的人都使我感到屈辱和不快。但由于人类中知道我名字的人只是少数，所以能使我对他们有那种感情，或因之引起我的好感或厌恶的人是不多的。但是，不论在任何国家或世上的任何年代，如果你表现出暴虐、傲慢和野蛮的行为，我会马上看到这种行为的罪恶倾向，并感受到对这种行为的厌恶和不快的情感。根据这个看法，没有任何品格能与我们十分远隔，以至于与我们毫不相干。对社会或对个人本身有益的东西必定总会得到偏爱，每一个人的每一个品质或行为，都必定依此被划在表示普遍谴责或普遍赞扬的某个类别或名目之下。

因此，除上述情况之外，我们还能凭什么把依赖于仁爱的情感同那些与其他感情相关联的情感区别开来，或向我们满意地说明为什么前者是道德的根源而后者不是呢？凡是借触动我们的仁爱之心而令我赞成的行为，也会借着对一切人同样天性的影响而得到他们的称赞。而有助于我的贪欲或功名心的行为只能使我自己的那些感情愉快，却不能对他人的贪欲或功名心发生影响。任何人不论离我多么遥远，假如他的行为中的任何情节都不具有有益的倾向，那么，它就不会与我的仁爱相一致。而凡是一个人离我们十分遥远，对我的贪欲和功名心既无妨碍也无促进，那么，他也被认为与那些感情毫无关系。因此，由于这两类不同情感的差别是非常巨大而明显的，语言也必定马上依据这个差别来形成，而为了表达那些从仁爱，或从对基本的有用与否的看法中产生出来的谴责或赞成的普遍情感，语言还必须发明一组专门的词汇。于是，善和恶始为人知；道德得到了承认；关于人类行动和行为的某些基本概念得以形成；处于这种情况下的人要求有相应的行为标准。我们确定这个行为与我们的抽象规则相一致，确定另一个行为与那个规则相违背。借着这样的普遍原则，自爱的特殊情感往往受到制约和限制。①

① 不论是从理性还是从经验上看，似乎都可以确定，一个未开化的、无教养的野蛮人主要根据个人利害的观念来调节自己的爱和恨，而且对

从民众的骚乱、暴动、派争、恐慌等事例中，从许多人共有的各种情感的例证中，我们可以了解激化和助长某种情绪所能引起的社会作用，而我们也由此发现，那些最难控制的骚乱是由最微小琐碎的事件引起的。梭伦（Solon）[①] 不是一个很残酷的人，尽管可能是一个不公正的立法者，因为他惩罚了内战中的中立派。我相信，在那种情况下，如果那些中立派的情绪和言论真的足以为他们开脱，他们是不大会受此惩罚的。因为在那时，任何自私心和任何哲学都没有足够的力量去支撑一种完全冷漠和无动于衷的心境，而梭伦多少应当是一个感情冲动、不同寻常的人。因此，如果我们发现，道德情感虽然是从初看起来显得细小而精致的原则中产生出来的，但却对生活有如此

行为的基本规则或方式只有模糊的概念。他对战斗中与之对立的敌人怀着刻骨的仇恨，不仅在战斗的当时是这样（这几乎是不可避免的），而且过后也是这样，不对敌人做出最严厉的惩罚和报复他是不会甘心的。而对我们来说，因为我们习惯于社会生活，习惯于更广泛地思考问题，所以我们认为：那个敌人是在为他自己的国家和团体效力，任何人在同样情况下都会那样做，我们自己在同样情况下也会那样行事。总之，人类社会就是依靠这样的准则牢固支撑着的。根据这些假设和看法，我们对我们比较粗糙狭隘的感情作出某种程度的矫正。虽然我们对友谊和仇恨的调节仍主要根据个人利害方面的考虑，但我们至少对我们惯常遵守的普遍规则是尊重的，以至于我们为了发泄由自爱和私利中产生的那些情感，就把罪过或非义都推到我们的敌人身上，因而我们往往曲解了他的行为。当人在盛怒之下，就不需要这类借口了，哪怕有时是因一些琐碎小事，就像贺拉斯因为差一点被倒下的树木击中，就想控告原先栽树的人是杀人犯。——原注

① 梭伦（约前 638—约前 559），古希腊雅典政治家、立法者和诗人。

重大的影响，那又有什么奇怪呢？但我们必须注意，这些原则是社会性的、普遍的，它们以某种方式形成了反对罪恶或混乱这个人类共同敌人的政党。仁慈地关心他人，这种关心或多或少会散布给一切人，而且在大家身上都是一样的，所以它更经常被人们谈到，在社会和人们的交往中受到珍视。随之而来的是，赞成和谴责因此被从冷漠中唤醒，它们也许是出于孤寂和未开化的本性才安于那种冷漠状态中的。其他的感情尽管在开始时可能比较强烈，但由于是自私的、个人的，因此往往被仁慈地关心他人的力量所压倒，并使我们的胸怀被那些社会的和公共的原则所主宰。

我们的构造中能给我们的道德情感带来额外巨大力量的另一个源泉是对名望的爱，这种爱以无法控制的威力主宰着一切心灵高尚的人，它往往成为他们一切计划和事业的宏伟目标。我们不断热切追求我们在世上的声望、名气和荣誉，在这个追求中，我们不时地检查我们自己的举止和行为，并考虑那些接近和关心我们的人会对它们怎样看。这种仿佛在反省中审视自己的长期习惯，使我们对正确和错误的全部情感都保持敏感，并在我们高尚的本性中产生出对这些情感本身以及其他情感的某种尊重，这种尊重是一切德行的最可靠的护卫者。当人们努力得到了各种内在美和道德美，当心灵达到了能给理性生物增光添彩的完美境地，人的肉体舒适和快乐就逐渐贬值了。

这里有我们所熟悉的最完美的德，这里展示了许多同情心所具有的力量。我们的道德感本身主要是那种性质的感情，而我们对他人声望的尊重似乎仅仅出于对保持我们自己声望的关心，而为了达到这个目的，我们发现，我们必须支持我们对人类的一致赞同所做的判断，尽管这个判断是摇摆不定的。

不过，为了能妥善地说明问题，而且若可能的话，排除一切困难，我们假定所有这些推理都是错误的；我们假定，如果我们把着眼于功利而产生的快乐归结为仁爱和同情的情感，我们就因而接受了一个错误的假设；我们且承认，如果某些对象具有促进人类幸福和利益的倾向，不管这些对象是有生命的，无生命的，还是有理性的，那么，我们必须找出我们之所以称赞这些对象的另外某种解释。我们设想一个对象因其具有达到某一目的的倾向而得到称赞，而这个目的本身又是人们完全不关心的，不管这样设想该是多么困难，权且让我们接受这个谬论，并看看结果如何。在此情况下，前面对人格价值所作的概括或规定仍然保持其明确性和权威性，我们仍应同意，心灵的每一个对本人或对他人有用或使之愉快的品质，都会给旁观者带来快乐，得到他们的尊重，并被允许列入美德或价值这个高尚的名目之下。正义、真诚、正直、诚实、忠顺、贞洁等，不正是因为它们有促进社会利益的倾向才受到尊重的吗？这种倾向难道不是与仁爱、慈善、宽厚、慷慨、感恩、平和、温柔、友谊，以及其他一切社会美德不可分割的吗？对于勤奋、谨慎、节俭、守密、遵守秩序、坚忍不拔、深谋远虑、善于判断，以及书之不尽的全部这类美德和才能，难道还有什么可怀疑的吗？我是说，这些品质促进了具有这些品质的人的利益和幸福，这个倾向是它们的价值的唯一根据，对此难道还有什么可怀疑的吗？如果一个人的心灵永远保持安宁和愉快，保持高贵的尊严和无畏的气概，保持对周围一切人的柔情和善意，那么，比起它在灰心丧气、忧心忡忡、怒气冲冲、深陷于卑俗和堕落之中时，这心灵内在地享有较大的快乐，因而也表现出比较振奋和喜悦的样子，对此难道还有什么可争议的吗？至于直接使他人愉快的品质，完全可以由它们本身来充分说明。如果一个人从未感受过由诙谐的机敏或缠绵的愉悦，或由风度举止的端庄和高雅所带来的魅力，那么，不管在他自己的脾性中，还是在他所处的地位和交往中，他肯定不会快乐。

我知道，不论任何题目，再没有比绝对和武断更没哲学味的了。我也知道，即使过分的怀疑主义仍能存在，它对一切公正推理和探讨所起的破坏作用也不会比这更大。我确信，当人们最自信、最傲慢的时候，通常他们的错误也最多，这时他们放纵自己的感情，失去了唯一能使他们避免严重错误的恰当思考和审慎态度。不过，我应当承认，这里列举的例证使事情变得十分明白了，以至于在目前我可以确信：一个人的人格价值完全取决于这个人的品质对他本人或与他有交往的人所具有的有用性和愉悦性。除此以外，我无法确信任何从推理和证明中得到的真理。可是当我想到，虽然地球的体积和形状已经被测量和描绘出来，虽然潮汐的运动已经得到说明，天体的秩序和体系服从于它们固有的规律，无限本身已被付诸演算，然而，人们仍在对道德责任的根据问题进行争论。当我想到这些，我就再度失去了自信，陷入怀疑主义。我猜想，如果一个明显的假设果真是真实的，它早就应当被人类一致赞成地接受下来了，而实际上它并没有被人们那样接受下来。

第二节

我们已经对伴随着价值或美德的道德赞成作了说明，现在我们还留有一项工作要做，那就是简要考察我们对此赞成所要尽的与我们利害相关的义务，并探讨一下，是否每一个关心自己的幸福和福利的人都能在履行各种道德责任时充分发现他自己的利益。如果我们能够根据前述理论将这个问题确实搞清楚，我们就将满意地认为，我们已经提出了一些原理，这些原理不但如所希望的那样将经得起推理和研究的检验，而且能有助于改善人们的生活，提高他们的德性和社会美德。虽然任何命题的哲学真理并不依赖于它促进社会利益的倾向，但如果一个人不论提出如何正确的理论，可是连他自己也不得不承认，这个理论导致了危险而有害的实践活动，那么它只能引起人们的厌恶。我们为什么要搜寻自然中四处散发毒素的那些角落呢？你进行研究时的机敏是值得称赞的，但你的体系令人厌恶。如果人们无法拒绝这些体系，他们将同意至少要使它们永远销声匿迹。对社会有害的真理（如果有这种真理的话），将让位于健康的、对社会有益的谬误。

我们这里所提出的那些真理，对完全真正的、充满魅力的、能使我们轻松、亲切、愉快地与之接近的德做出了说明，比起那些真理，还有什么其他的哲学真理能对社会更有益呢？许多神学家和某些哲学家给这种德披上了晦暗的外衣，现在这件外衣被脱掉了，她表现出高雅、仁爱、仁慈和亲切的样子；而且不仅如此，她还适时地表现出嬉闹、欢乐和愉快的一面。她并不谈及毫无用处的苦行和修炼，受难和克己。她宣称，她的唯一目的是在可能的情况下，使她的信徒和全人类无时无刻不享有快乐和幸福的生活。她从不愿意放弃任何快乐，除非期望在生活的其他时候给人以丰厚的补偿。她所提出的唯一困难是要人们在这方面有正确的算计，并且坚定不移地选择较大的幸福。如果任何厉行苦修的人追求她，而反对欢乐和愉快，那么，她就会拒绝他们，把他们当作伪君子和骗子，或者即使允许他们留在她的队伍中，也会把他们列入最不被喜欢的追随者之列。

事实上，如果我们抛弃一切象征性的表达方式，我们还有什么希望让人类从事我们承认充满坚忍和严酷的实践活动呢？如果道德理论不能特别详尽地证明它所提出的一切道德责任也就是每个人的真正利益，那还有什么道德理论能有助于达到任何有益的目的呢？前述理论体系的一个独特优点似乎就在于它提供了达到那种目的的一个恰当手段。

能对德的所有者直接有用或使之愉快的德，从自利观点看是合乎需要的，要证明这一点确实是多余的。道德家们的确可以避免向人们推荐这些道德责任时经常遇到的一切麻烦。如果我们似乎只因为纵乐过度是有害的，所以称它们是有害的；而且比方说，如果酗酒无度不会损害健康或身心机能，就如同呼吸空气或饮水不会损害健康或身心机能一样，那么，它就同后者一样，一点也不是坏事，不应受到谴责。既然如此，我们又为了什么目的去搜集论据，以表明节制是有益的，纵乐是有害的呢？

同样，要证明礼貌、诙谐、得体、高雅等交际方面的德要比相反的品质更受欢迎，似乎也是多余的。不用从其他因素考虑，仅仅出于虚荣心就足以使我们希望具备这些德。任何人都不希望在这方面有缺欠。我们在这方面的一切不足都是由于教育拙劣，能力不强，性格乖僻固执而引起的。你不是也愿意你的朋友被人羡慕、赞赏和追随，而不希望他被人憎恨、藐视和躲避吗？难道有什么人会在这个问题上费心考虑吗？如果不同友人或社会发生某种交往，任何快乐都是虚假的。同样，如果一个人感到他的到来不受欢迎，发现周围的所有人都表现出对他的厌恶和反感，那么这个社会就不会使他愉快，甚至是他无法忍受的。

但是，为什么在较大的社会或人类联合体中，与在特定的小团体和友人中间情况会不一样呢？为什么为了幸福和自利而要求广泛的仁爱、慷慨和慈善之德，比起为了同样的目的而要求机智文雅的有限才能，更令人怀疑呢？我们是否担心与别的任何追求相比，那些社会性的感情会更严重、更直接地妨碍私人利益，而且若不在名利方面做出重大牺牲，这些感情就不能得到满足呢？如果我们那样担心，那只是因为我们在人类感情的本性方面所受的教育是不恰当的，不是那些情况中实际存在的差别，而是词语表达上的不同，对我们产生了较大的影响。

不论人们一般设想自私的情感或气质和社会的情感和禀赋之间有什么矛盾，它们实际上并不是对立的，就如同自私的情感或禀赋同追求功名的、报复的、虚荣的情感或禀赋不是对立的一样。为了给自爱提供一个基础，必须有某种原始的倾向存在，它使自爱所追求的对象带有一种吸引力，而最适合起这种作用的只有仁慈或仁爱。人们耗费财物是为了得到这样或那样的满足，守财奴把每年的收入积攒起来，然后借出以获取利息，他实际是把收入用于满足自己的贪婪。既然一个人一心谋私所能得到的最大收获是充分享有某种情感，那么就很难证明，为什么他因慷慨行为而失去的东西，要比用其他方式花费所失去的东西更多。

既然没有感情的生活必定是平淡无味的，那么假定，一个人具有塑造他自己气质的全部能力，并让他仔细考虑他要选择何种欲望或要求作为他的幸福和快乐的基础。于是，他会看到，每一种感情在成功地得到满足时，都会根据其力量和强烈程度的大小带来相应的愉快，而对于仁慈、友谊、仁爱、和善的直接感受，除了一切感情共有的上述优点之外，它们完全不受命运和偶然事件的影响，表现得甜蜜、平和、温柔而令人愉快。此外，当我们高兴地想到我们对人类和社会尽了我们的一份力，这些德还会带来令人快乐的意识或记忆，使我们不但对他人，而且对自己都保持良好的心绪。虽然当我们的欲望和抱负得到满足时，人人都会嫉妒，但只要我们按道德的方式行事，致力于实现那些高尚的计划和目标，那么我们几乎可以肯定，他们都会对我们抱以善意和良好的愿望。难道还有什么其他情感我们会从中发现同时具有愉快的情感、快乐的意识和良好的声誉等那么多的优点吗？我们可能注意到，对于这些真理，人们是自动就深信不疑的。他们之所以对社会缺少责任感，不是因为他们不想成为慷慨的、友爱的和仁慈的，而是因为他们没有那样的亲身感受。

如果我们十分公正地对待恶，并尽可能地迁就它，我们就必须承认，即使从自利目的出发，我们在任何情况下也没有丝毫借口偏爱恶而不是德。这里也许有例外，那就是在司法审判中，一个实事求是的人，往往会因其正直诚实而成为败诉者。人们承认，如果不尊重财产权，任何社会都不能存在，可是由于处理人类事务的方式不完善，所以在特定的情况下，狡猾的恶人可能会认为，不正直或不诚实的行为可以大大增加他的财富，而不会给社会的统一和联盟造成任何严重的破坏。诚实乃为上策，这也许是一个有益的普遍规则，但它有许多例外，而且人们可能会认为，在行动中既遵守这个普遍规则，又充分利用一切例外情况的人才是最明智的。

我必须承认，如果有人认为对这个推理非常需要给出一个答复，那么，要发现任何似乎使他满意和信服的答复都会有些困难。如果他内心对这样有害的准则并不反对，如果他对这些邪恶卑鄙的思想并无反感，那么他实际上已经失去了追求美德的重要动机。我们可以期待，他的实践将会对他的思想作出回答。可是，人们出于纯真的本性，对背叛和欺诈行为的反感是非常强烈的，以至于不论看到这些行为带来多少利润或金钱利益，都无法抵消它。内心的平和，正直的意识，对我们自己行为的满意回顾，所有这些正是幸福所必不可少的条件，每一个感到其重要性的正直的人，都会珍视和培养它们。

此外，这样正直的人往往会满意地看到，一切自称有诡诈能力的恶人，会受到他们自己的准则的愚弄。虽然他们企图小心诡秘地进行欺骗，但由于有诱惑的事情发生，他们的本性又是脆弱的，因而他们会落入圈套，而他们要从那个圈套中摆脱出来，他们必定会失去一切名誉，失去人们今后对他们的全部信任和信赖。

而假如他们果真那样诡秘行事并且得逞，那么这个正直的人，只要具有任何哲学素养，或哪怕只进行一般的观察和思考，就会发现，归根结底那些人自己是最大的受骗者，他们为获得毫无价值的琐物，至少自己无法享有一种非常宝贵的品格。我们要满足自然的需要所必须做的事情少到何种程度呢？就快乐而言，可以作两种比较：一种是将我们在谈话、社交、研究，乃至健康方面非金钱所买到的满足，但主要是对自己的行为进行平静的反思所得到的满足，同通常的各种自然美相比较；另一种是将这些自然美同奢侈挥霍的虚欢淫乐相比较。从这两种比较看，我们的哪一种行为更能满足自然的快乐呢？这些自然的快乐实际上的确是无价的，这既因为我们得到它们时付出的代价最少，还因为我们享受它们时得到的报偿最多。

附录一 关于道德情感

　　如果我们接受了前述的假设，我们就很容易解决我们最初提出的关于道德基本原理的问题。[①] 虽然我们对这个问题的解决推迟了，但是若不如此，我们就会陷入与道德论述不适合的复杂思辨中去，而现在我们可以重提这个问题，并考察理性和情感在一切有关赞扬或谴责所作的决定中能起多大作用。

　　道德赞扬的一个主要根据应当在于任何品质或行为的有用性。显然，在所有这类道德决定中，理性应当起相当重要的作用，因为只有这个官能可以告诉我们那些品质或行为的倾向，指出它们对社会、对具有那些品质和那些行为的人所产生的有益后果。在很多情况下，这是一个容易引起很大争论的问题。因为人们可能会提出疑问；人们的兴趣可能相反；由于对功利的非常微妙的看法和微小的失衡，必定会使人偏爱某一方面的品质或行为。这种情况在正义的问题上尤其明显，实际上，这一点

---

① 见本书第一章。——原注

从这个德所具有的那种功利性中就可以自然而然地猜想到。①假如每一件正义的事情都像仁慈的事情那样有益于社会，那么这里的情况本来是比较简单的，不容易引起大的争论。但由于单个正义事例的最初的直接倾向往往是有害的，由于只有遵守普遍的规则，只有从事同样公正行为的人通力合作，才能产生对社会有益的结果，所以，这里的情况就变得比较复杂了。社会的环境是形形色色的；任何实践活动的后果都是多种多样的；人们可能提出的利益是十分不同的；这些在很多情况下都是捉摸不定的，需要作大量的讨论和探索。国内法旨在解决一切有关正义方面的问题：法律家的争论，政治家的思虑，以及援引历史和公共档案中的先例，都是为了同样的目的。由于各种功利是不分明的或相反的，所以产生了如此复杂的疑难，要在其中作出正确的决断，精确的推理或判断往往是必不可少的。

虽然理性在得到充分帮助和提高的情况下，完全可以给我们指出各种品质或行为的倾向是有害的还是有益的，但是理性单独并不足以形成任何道德谴责或赞成。功利只是要达到某种目的的倾向，如果目的与我们完全无关，我们就会感到达到目的的手段同样与我们无关。为了选择有益的倾向而非有害的倾向，情感在此必须有所表示。既然人类的幸福和痛苦分别是善和恶倾向于促进的不同目的，所以这种情感只能是对人类幸福的一种感受，是对人类痛苦的一种抱怨。因此，理性在此给我们指出行为的几种倾向，而仁爱则有助于把那些有用和有益的

①　见本书附录三。——原注

倾向区分出来。

从上述假设看，在一切道德决定中，理智和情感这两种官能的区分似乎是很明显的。而我将设想这个假设是错误的，那么，我们就必须寻找别的某个令人满意的理论，而我敢大胆断言：只要我们假定理性是道德的唯一源泉，我们就永远不会找到这样的理论。要证明这一点，考虑以下五点看法将是适宜的。

一、对于一个错误的假设，如果它使用的完全是普遍性的词，所用的术语是不明确的，而且采用的是比较的方法而不是运用实例，那么，它很容易看上去有某种真理。这种情况在不借情感之助，仅仅依靠理性来辨别一切道德区分的哲学中尤其明显。一个假设不论在泛泛的高谈阔论中会显得多么有道理，但只要在任何特定的实例上，这个假设甚至无法被理解。例如，让我们考察忘恩负义这个罪过，当这个罪过出现时，我们可以看到两方面的情况，一方面是人们所表现出的众所周知的善意，以及同时进行的助人活动，另一方面是作为对此回报的恶意和冷漠，以及同时进行的破坏活动或表示的怠慢。如果你对所有这些情况进行剖析，并仅仅依靠理性来考察忘恩负义的过错或罪责在何处，你将无法得出任何结果或结论。

理性既对事实也对关系作出判断。那么，我们首先探讨我们这里称作罪过的那个事实出在何处，我们要指出这个事实，确定它存在的时间，描述它的实质或本性，说明它对之显示其自身的那个感觉或官能。它存在于忘恩负义者心灵中。因此它必定被这个人感觉和意识到。然而，在此除了恶意的感情或绝对冷漠的感情以外什么也没有。你不能说这些感情自动地，不论在任何时候、任何情况下都是罪过。不，它们只在针对以前曾对我们表达和显示出善意的人时，才是罪过。因此，我们可以推断，忘恩负义之罪并不是任何特殊的个别事实，它是从一种复杂的情境中产生出来的，当这种情境出现在旁观者面前，就通过旁观者心灵的特殊构造，激起了谴责的情感。

你会说，这种说法是错误的，实际上罪恶并不在于我们借理性而确信其实在性的特定事实，而在于用理性发现出来的某种道德关系，其方式就同我们借理性发现几何或代数的真理一样。但我要问，你在这里所说的是什么样的关系呢？就上述情况而言，我首先看到一个人的善意和帮助，然后看到另一个人的恶意和破坏，在这两者之间有一种对立关系。罪恶是否就在于这种关系呢？我们再假定一个人对我心怀恶意或施加恶行，而我反过来对他毫不介意或对他进行帮助。这里虽然有同样的对立关系，可是我的行为往往受到高度的赞扬。对这件事你尽可以随意迂回曲折地去理解，但你绝不能把道德建立在关系之上，你一定会诉诸情感的决断。

当人们断言，二加三等于十的一半，对这种等同关系我完全可以理解。我想象，如果把十分成两部分，其中一部分和另一部分含有同样多的单位，如果把其中任一部分和二加三相比较，那么，这个部分所包含的单位就和那个复合数所包含的单位同样多。但如果你因此也对道德关系作比较，我承认我对你完全无法理解。一个道德行为，一桩罪过，诸如忘恩负义，是一个复杂的对象。道德是否存在于它的各部分的相互关系中呢？怎样存在于那种关系中呢？根据何种方式呢？你要详细说明这种关系，那么，你提出的命题越具体越明确，你就越容易看出它们的荒谬。

不，你会说，道德在于行为和正当性规则之间的关系，这些行为根据它们是否符合这个规则而被称为善的或恶的。那么，这个正当性的规则是什么呢？它取决于什么呢？它是怎样被确定下来的呢？你会说，是根据我们用来考察那些行为的道德关系的理性而确定下来的。可是这样一来，道德关系是通过对行为和规则的比较而确定下来的，而那个规则又是通过考察对象的道德关系而确定下来的。这个推理岂不是太巧妙了吗？

这一切都是形而上学，你嚷道。这就够了，没有必要再给出一个有力的虚假推测。是的，我回答说，这里确实有形而上学，但完全是你所主张的形而上学，你提出了一个深奥的假设，却既不能使之明白易懂，也不能使之和任何特定的实例或例证相一致。而我们所主张的假设则是很明白的。这个假设认为，道德是被情感决定的。它规定：凡是给一个旁观者带来愉快的赞成情感的任何精神活动或品质，就是美德，而恶则相反。然后我们进而考察一个明白的事实，即什么样的行为具有这种作用。我们考虑了与这些行为相一致的全部情形，并力图由此引出对这些情感的基本看法。如果你称这是形而上学，并发现这里有什么东西是深奥的，那么你只能得出结论：你的思想素质不适于研究道德科学。

二、如果一个人在任何时候都对自己的行为（比如，在特殊紧急的时刻，是帮助自己的兄弟好呢，还是帮助自己的恩人好呢）深思熟虑，那么，为了确定较大的责任和义务是什么，他必须考虑各个关系，以及这些人的全部情况和处境。而为了确定任何三角形各边的比例，他必须考察那个图形的性质及其各部分之间的相互关系。尽管上述两种情况看上去有相似之处，但归根结底是极不相同的。一个对三角形或圆形作思辨推理的人，要考察这些图形各部分之间几种已知的和既定的关系，然后推导出以这些关系为依据的某个未知的关系。但是在考察道德问题时，我们必须事先熟知所有的对象和它们之间的一切相互关系，并从整体的比较中确定我们所选择或所赞成的。这里没有肯定任何新的事实，没有发现任何新的关系。在我们能对这件事作任何谴责或赞成的判断之前，这件事的一切情节应当已经摆在我们面前了。如果有任何实质性的情节我们还不知道或有怀疑，我们必须首先进行调查或运用我们的理智官能确实弄清情况，必须暂时中止一切道德决定或情感。既然我们不知道一个人是不是入侵者，我们怎么能确定杀死他的人是有罪的还是无辜的呢？可是当各种情况、各种关系都已经知道了，理智的运用就是多余的，没有任何对象是它能用于其上的。随之而来的赞成或谴责不可能是判断之所为，而只能是心的作用；不是一种思辨的命题或断定，而是一种主动的感受或情感。从已知的情况和关系出发进行理智研究，我们推出某些新的未知的情况和关系。在道德决定中，一切情况和关系必定是先前已知的。心灵从对整体的考虑中，感觉到某种新的印象，它是喜欢或厌恶、尊敬或轻蔑、赞成或谴责的印象。

因此，事实方面的错误和正当性方面的错误是有很大区别的；这也就是为什么两者中通常一个是犯罪，而另一个则不是。当俄狄浦斯（Oedipus）杀死了拉伊俄斯（Laius）[①]，他并不知

---

① 俄狄浦斯是古希腊神话中底比斯王拉伊俄斯和伊俄卡斯忒的儿

道他们之间的关系，他从一些无辜的、无意的情节出发，对自己做出的行为形成了错误的看法。而当尼禄杀死小阿格丽品娜（Agrippina）[①]，他对他们俩之间的一切关系和一切事实情节都事先知道，但是在他残酷的内心中，报复、恐惧或利益的冲动压倒了责任心和仁爱感。当我们对他表示憎恶，他对此在短时间内却觉察不出来，这并不是因为我们看到了他所不知道的任何关系，而是因为我们心地正直，所以我们感到了某些情感。对这些情感，他因为承受谄媚和长期穷凶极恶而变得麻木了。因此，一切道德决定都在于这些情感，而不在于发现任何种类的关系。在我们自称能形成任何这类决定之前，我们必须了解和弄清对象和行为方面的一切情况。而后留待我们做的，只是去感受某种谴责或赞成的情感，由此情感出发，我们宣称这个行为是罪恶的或善良的。

三、如果我们把道德美和很多情况下与道德美十分相似的自然美相比较，这个学说就变得更加明显了。一切自然美都依赖于对象各个部分的比例、关系和位置。但若因此推断说，对美的知觉如同几何学问题中对真理的知觉一样，完全在于对关系的知觉，而且完全是通过理解或理智官能来进行的，那则是荒谬的。在一切科学中，我们的心灵都是从已知的关系来探讨未知的关系。但是在一切有关趣味或外在美的确定中，一切关系事先就明白地呈现在眼前，我们根据对象的性质和我们感官的配置，进而感到了一种满意或厌恶的情感。

子，在无意中杀父娶母。

① 尼禄生母，拥尼禄即皇帝位。后母子纷争，被尼禄下令杀死。

　　欧几里得充分说明了圆的各种性质，但在任何命题中他对圆的美都未置一词。这里的道理很明显，美并不是圆的一个性质。圆的美不在于圆线的任何部分，圆线的各个部分与一个共同圆心的距离都是相等的。圆的美只是那种图形对心灵所产生的影响，心灵的特殊的组织结构使它很容易获得那种情感。如果你要在圆中寻找美，或者借感官或数学推理在圆的一切性质中探索美，那都是徒劳的。

　　听一下帕拉第奥（Palladio）和佩罗特（Perrault）[①]对立柱的各个部分和比例所作的说明吧。他们谈到了柱子的上楣、中楣、柱基、柱顶盘、柱身、下楣等部分，对各个部分都作了描述并提出了看法。但如果你要求他们对柱子的美作出描述和提出看法，他们会毫不犹豫地回答说，这种美并不在柱子的任何部分，而是当这个复杂的形状呈现给一个理智的、对那些细腻的感觉十分敏感的心灵时，由这个柱子的整体引起的。如果没有这样一个旁观者，那么这里就什么也没有，只有一个具有特殊大小和比例的形状。它的优雅和美只是从这个旁观者的情感中产生出来的。

　　我们还可以看看西塞罗对维勒斯（Verres）或喀梯林（Catiline）[②]所犯罪行的描述。你一定会承认，与美产生的方式一样，当那些事情的整体被呈现给其各种器官具有这样一种特

---

　　① 帕拉第奥（1503—1580），意大利建筑师，写过建筑方面的著作。佩罗特（1613—1688）法国建筑家和医生。

　　② 维勒斯（前115—前43），罗马人，曾任西西里行政长官，因残暴而闻名，西塞罗曾起诉他。喀梯林（前103—前62），罗马贵族，曾试图推翻西塞罗政府。

殊构造或结构的人时，道德堕落就从对那些事情整体的考虑中产生出来了。这位演说家可以描述人们中一方的狂暴、傲慢和残忍，另一方的顺从、痛苦、悲哀和无辜。如果从他所描述的这个复杂情境中，你没有感到心中出现了任何义愤或怜悯，那么你问他如下问题就是白费力气：他大声疾呼所反对的罪恶或邪恶存在于何处？当几个月后所有当事人的一切性情和思想都已完全改变或消失掉，这个罪恶会变成什么样？对这些问题中的任何一个，都不可能根据抽象的道德假设来给出满意的回答。我们最终必须承认，罪恶或不道德行为并不是可以作为理智对象的特定事实或关系，它完全是从不赞成的情感中产生出来的。由于人性的结构，这种情感在我们一旦对残暴和背叛有了理解时，就会不可避免地感受到。

四、无生命的物体可以互相具有我们在道德主体那里看到的完全相同的关系，尽管前者不可能成为爱或恨的对象，因而也不可能有善和恶。当一棵幼树遮盖了母树并因而对母树造成损害，那么，它和母树的关系就同尼禄杀害其母小阿格丽品娜时的关系一样，如果道德果真只取决于关系，那么幼树无疑同样是有罪的。

五、似乎很明显，人类行为的最终目的无论如何不能用理性来说明，它们完全要由人类的情感和感情来解释，丝毫也不依赖于理智的官能。如果你问一个人为什么进行锻炼，他会回答说，因为他想保持健康。如果你再问他为什么希望健康，他马上会回答说，因为患病是痛苦的。如果你进一步再问他为什么讨厌痛苦，他无法作出任何回答，因为这是他的最终目的，与其他任何目的无关。

对于你的第二个问题为什么他希望健康，他也可能这样回答：因为那是从事他的职业所必需的。如果你问，为什么他渴望那个职业，他会回答说，因为他想挣到钱。如果你问他为什么想挣到钱，他会说，因为钱是获得快乐的手段。除此以外，再要问他有什么别的理由都是荒谬的。这里不可能无休止地问下去，而且一件事可以永远成为另一件事被欲求的理由。有的事必定因其自身，因其和人类情感或感情的直接和谐或一致，而成为人们所欲求的。

德是一个目的，它因其自身而成为人们所欲求的，它只给人带来了直接的满足，而不需要任何报酬或回报，所以，必定存在着德所触动的某种情感，某种内在的情趣或感受，或不论你愿意如何称谓的东西，它把道德的善和恶区分开，并接受一个，排斥另一个。

这样，理性和趣味的不同范围和职能就很容易确定下来了。前者传达有关真理和谬误的知识，后者提供有关美和丑、善和恶的情感。前者发现在自然中实际存在着的对象，对之既不增加也不减少；后者具有一种创造性的功能，因为它为一切自然物涂上了发自内心情感的色彩，所以在某种程度上做出了新的创造。理性是冷漠而超脱的，因此不是行为的动力，它告诉我们趋乐避苦的方法，以此仅仅对我们由欲望或爱好所引起的冲动进行指导；趣味是给人以苦和乐的，苦和乐构成了人的痛苦和幸福，因此趣味就成了行为的动因，而且是欲望和意志的第一个源泉或推动力。从已知或假定的情形和关系出发，理性引导我们发现隐蔽和未知的东西。趣味则在一切情形和关系摆在我们面前之后，使我们从整体上感到一种谴责或赞成的新情感。

前者的标准乃根据事物的本性，即根据上帝的意志，因此是永恒不变的。后者的标准是从动物永恒的内部构造和结构中产生出来的，最终来自于上帝的意志，上帝的意志赋予各种存在物以其特定的性质，排列出生存的若干种类和等级。

附录二　论自爱

有一个原则据认为在很多人中流行，它与一切德性或道德情感完全不相容。因为它只能出自最堕落的心境，所以，它反过来，又倾向于更加助长那种堕落。这个原则就是：一切慈善都完全是虚伪的，友谊只是一种欺骗，公益精神是滑稽可笑的，忠诚只是为获得信任和信赖的一种诡计。既然我们归根结底只追求自己的私利，于是我们就披上这些绚丽的伪装，为的是使他人去掉戒心，使他们更深地陷入我们的欺骗和诡计之中。对于持这种原则的人，对于其内在情感与这种恶毒理论毫无二致的人，他应有何种心灵是很容易想见的。而且他那样丑陋地对待他人，那样忘恩负义地不知善报，他对他人会有何种程度的爱和仁慈也是很容易想见的。即使我们不把这些原则全都看成是堕落心灵所具有的，我们至少也应通过非常粗略而随便的考察对这些原则加以说明。推埋肤浅的人出于确实看到人们中有许多欺诈，而且他们在自己的性情上也许没有感到非常强硬的约束，所以他们或许会得出一个普遍而仓促的结论：一切人都是同样堕落的，而且人与其他一切动物不同，甚至与其他一切种类的存在物不同，他们是不容有好坏程度之分的，在任何情况下，他们都是在不同伪装和不同表象掩盖之下的同样生物。

还有另一个原则，它多少与前一个原则相似，许多哲学家都极力主张过，并成为许多体系的基础。这个原则说，一个人不论会感到或在想象中感到对他人有什么样的爱，他的感情都不是或不可能是无私的。最深厚的友情，不论多么真诚，都是自爱的变状。虽然看起来我们深深地参加到人类自由和幸福的事业中，但即使我们自己未意识到，我们实际追求的只不过是自己的满足。凭借着一番想象，通过细致的反思，依靠热烈的激情，我们似乎与他人的利益合为一处，认为自己摆脱了一切利己的考虑。然而，不论是慷慨的爱国者，还是最小气的吝啬鬼，不论是无畏的英雄还是最卑鄙的懦夫，他们在一切活动中，归根结底同样考虑自己的幸福和福利。

不管是什么人，如果他根据这个观点的表面倾向作出结论说，说出此种观点的那些人不可能感受到真正的慈善情感，不可能尊重真正的德，那他往往会发现实际上大错特错了。诚实和正直对伊壁鸠鲁及其派别来说并不陌生。阿提库斯（Atticus）[①]和贺拉斯似乎从天性中得到了熏陶，并通过反思培养出了同任何苦行学派的信徒一样慷慨友善的性情。在当代人中，霍布斯和洛克都主张利己的道德体系，他们都过着清白无瑕的生活，尽管前者不受宗教的任何约束，这或许造成了他的

---

① 阿提库斯（前110—前32），西塞罗的朋友，学识渊博的文化事业的赞助者。

哲学的缺陷。

一位伊壁鸠鲁主义者或霍布斯主义者会乐于承认，世界上存在着毫无虚假或伪装的友情，尽管他会试图用哲学的化学术将这种感情的元素（如果我能这样说的话）分解成另一种感情的元素，并把每一种爱都说成是借着一番特殊的想象而转化成或形成种种现象的自爱。由于同样的想象并非人人都有，它也不能将原始的感情都引到同样的方向，所以，即使根据利己的道德体系，这也足以造成人类品格方面的巨大差异，使我们可以称一个人是有道德的、仁慈的，另一个人是罪恶的、卑鄙自私的。如果一个人的自爱不论用何种方式指引他去关心他人，使他对社会有益，那么，我对这个人是尊重的。如果他除了自己的满足和享乐，对任何事情都不关心，那么我就憎恨或蔑视他。如果你认为这些品格虽然表面对立，但归根结底是同样的，而且它们之间的全部差异是由一种很不重要的想法构思出来的，那么，你对问题也无所改变。虽然这些差异是无足轻重的，但对我来说，每一种品格实际上是完全持久不变的，我发现，不论在这个题目还是在其他题目上，由事物的普遍现象引起的自然而然的情感，并不容易因仔细思考这些现象的细微起源而被破坏掉。肤色的全部差异都是由皮肤最细微部分的最细小的密度差别引起的，由于这种差别，表皮能对光线的一种原色加以反射，对另一种原色加以吸收。虽然我们由哲学中知道了这个道理，但是，使我们感到满意和快乐的不仍然是那种鲜亮明快的脸色吗？

关于人的普遍或部分自私心问题，对于道德和实践虽然不像通常想象的那样重要，但它在思辨的人性科学中确实是十分重要的，是一个新奇而值得探讨的恰当题目。所以，我们在此对它稍加思考不会是不适宜的。①

对自私心这个假设的最明显的反驳如下：因为这个假设与我们通常的感受和最无偏见的看法是相反的，所以才需要用最牵强的哲学来确立一个如此不同寻常的谬论。在最粗心的观察者看来，似乎存在着仁慈或慷慨那样的性情，存在着爱情、友谊、怜悯、感恩那样的感情。这些情感都有其原因、结果、对象和活动，它们用日常语言和叙述表示出来，它们与自私之情的原因、结果、对象和活动是明显不同的。而因为事物的这个现象是很明显的，所以应当被承认，除非我们发现了某个假设，这个假设由于更深刻地洞察了人性，因而能证明前一种感情无非是后一种感情的变状。不过，人们至今所作的这类尝试都是毫无结果的，而且这类尝试似乎完全是从追求单纯性开始的，这种对单纯性的追求已经成为哲学中许多错误推理的根源。对现在这个问题我在此不细说。许多有才能的哲学家已经证明这些理论体系是不充分的。而我相信，只有稍加反省就能使每一个公正

---

① 慈善自然而然地分为两种，普遍的慈善和特殊的慈善。前一种是指对于既非我们的亲友，亦非我们所敬重者，我们只感到一种普遍的同情，或对他的痛苦感到怜悯，对他的快乐感到欣慰。另一种慈善则根据对德行的一种看法，根据对我们进行的帮助，或根据某些特殊的关联。应当承认，这两种慈善情感都实际存在于人性中，但是它们是否将分解为对自爱的某些细致考虑呢？这与其说是一个重要的问题，不如说是一个新奇的问题。对于前一种情感，即普遍的慈善、仁爱或同情的情感，我们在本研究的过程中将经常有机会谈到。而且，根据普遍的经验而非任何其他的证据，我假定这种情感是真实的。——原注

的研究者都明白的体系才是理所当然的。

　　由这个论题的性质带来了一个最有力的推断：如果要用自私之情来说明慈善的起源，并把人心中的各种情绪都归结为完全的单纯性，那么，我们将永远不会发明出更好的体系。这个情况在此类哲学中与在物理学中是不同的。虽然自然方面的许多假设与最初的现象是矛盾的，但根据更精确的检查，却发现它们是可靠的、令人满意的。这类事例十分常见，以至于一位精明而诙谐的哲学家[①] 曾大胆断言说，如果任何现象可以用不止一种方法产生出来，那么，一般就推断它是由最不明显、最不为人熟悉的原因引起的。不过，在有关我们的感情的发源和人心的内部活动的一切探讨中，这个推断却总是背道而驰。在那里，可以用作任何现象的最简单、最明显原因的东西很可能是真正的原因。当一个哲学家在说明他的体系时不得不诉诸某些非常复杂细致的反省，并认为这些反省对于任何感情或情绪的产生是必不可少的，那么，我们就有理由高度提防这个非常荒谬的假设。感情是不容易受精致的推理和想象影响的。我们总是发现，由于人类心灵的容量是狭小的，如果心灵的后一种功能（精致的推理和想象）充分发挥，必定会破坏前一种功能（感情或情绪）的全部活动。当我们的主要动机和意向同其他动机混合在一起，而心灵出于虚荣和自负又想让后者更占优势，于是那些主要动机和意向就往往对我们掩盖了起来。不过，这里没有任何事例表明，动机的这种掩盖是由于动机的深奥和复杂引起的。当一

──────────

　　① 丰丹内尔先生。——原注
　　丰丹内尔（Fontenelle，1657—1757），法国文学家、科学著作家。

个人失去了一位朋友和恩人，他可能自以为他的全部悲痛都是从高尚的情感中产生出来的，不掺杂任何狭隘的或自私的考虑。可是，倘若一个人所哀痛的可贵朋友乃是需要他赞助和保护的人，在这件事上，自私对他来说是毫无根据或毫不现实的，这时我们怎么能设想他对友人的深情是从对自利的某种形而上学的考虑中产生出来的呢？我们不妨想象一下，钟表里那种精细的齿轮和弹簧是无法带动满载的车辆的，以此来说明感情不是起源于那种深奥的反省。

我们发现，动物不论对其同类还是对人类都可以是很温顺的，这时它们的温顺毫无乔装造作之嫌。我们是否也要从对自利的细致推演来说明它们的全部情感呢？如果我们承认在低等生物中有不计利害的慈善，那么，我们能根据何种类比规则来否认在高等生物中也有这种慈善呢？

两性之间的爱情产生出与欲望的满足十分不同的满意和善意。一切有理智的存在物都对它们的后代充满柔情，通常单单这种柔情就可以同最强烈的自爱动机相抗衡，而且，它丝毫也不依赖于自爱的感情。当一位慈母因精心照料自己生病的孩子而失去了健康，后来当孩子的夭亡使她摆脱了照料之苦，她的悲痛也逐渐减弱并消失了，这时她会想到何种利益呢？

感恩难道不是人类心中的感情吗？难道它仅仅是一个没有任何意义或实在性的词吗？难道我们同这个人交往不是比同另一个人交往更满意吗？即使我们因不在场或因死去而不能与友人共享幸福，难道我们就不希望他获得幸福吗？或者说，即使我们活着并且在场，通常使我们与友人共享幸福的，除了我们对他的爱和尊重，又是什么呢？

　　这些以及其他成千的事例都表明，人性中有一种普遍的慈善,在这慈善中,没有任何实际的利益将我们和对象联系在一起。至于人们众所周知和公开承认的那种想象的利益如何能成为任何感情或情绪的根源,似乎是很难说明的。人们不但至今尚未发现任何这类满意的假设,而且将来人们所作的努力也不可能带来比较顺利的成功。

　　进一步说,如果我们恰当地考虑这个问题,我们将发现,事实上,我们假设有与自爱不同的无私的慈善,要比把一切友情和仁爱都分解为自爱原则的那种主张,更具有单纯性,更符合自然的类比。人人都承认有肉体的要求和欲望,它们必然是先于一切肉体快乐的,并直接使我们试图占有能带来那种快乐的对象。于是,饥渴的欲望就以吃喝为目的。由于饥渴这些原始的欲望得到满足,就产生了一种快乐,这快乐可以成为另一种欲求或爱好的目标,这种欲求或爱好是次一层的、讲求利害的。同样,我们内心中有感情存在,在感情的驱使下,我们马上去追求特定的对象,诸如名望、权力或不计利害的报复;而当这些对象被达到了,我们的感情得到了宣泄,于是令人愉快的欢乐就随之而生。自然根据心灵的内在结构和构造必定会赋予心灵以追求名望的原始倾向,而后我们才能从获得名望中得到任何快乐,或者出于自爱的动机和对幸福的渴望而追求快乐。如果我没有虚荣心,我就不会因受到赞扬而高兴;如果我没有野心,权力就不会给我快乐;如果我不动怒,我对从敌人那里来的惩罚就全不在意。在所有这些情形中,都有一个直接指向对象的感情存在,它把这对象当作我们的利益和幸福;而除了这个原始的感情之外,还另有次一层的感情存在,这些感情是后起的,一旦我们的原始感情将对象当作我们的利益和幸福，这些次一层的感情就将那对象作为我们幸福的组成部分来追求。假如在自爱之前没有欲望存在，那么，自爱这个倾向不可能自己发挥作用，因为在此情况下，我们几乎感觉不到痛苦和快乐，没有什么苦或乐是需要避免或追求的。

人们可以设想，慈善和友爱的情况可能也是如此，而且，由于我们气质的原始结构，我们可以感到对他人的幸福或利益的想望，借着这种感情，他人的幸福或利益就变成了我们自己的幸福或利益，然后我们从慈善和自乐这两者相结合的动机出发，追求他人的幸福和利益。对于这样一种设想，其困难在什么地方呢？我们可以仅仅由于感情的力量就狂热地寻求报复，以至于在我们明明知道的情况下，仍然不顾一切舒适、利益和安全方面的考虑，就像有些喜欢报复的动物一样，一心要给敌人以伤害①，对此又有谁会看不到呢？如果一种哲学不容争议地给敌意和怨恨等比较阴暗的感情以特权，却不允许给仁爱和友爱以同样的特权，那么它又该是多么邪恶的哲学呢？这样的哲学与其说是对人性的真实概括或描述，不如说更像是一种讽刺。它对于那些荒唐的讥笑取闹也许是个良好的根据，但对于任何认真的论证或推理，它却是一个非常糟糕的根据。

---

① "它们一心要给人造成伤害。"（维吉尔）"它完全不顾自己，只要能给他人造成伤害。"（塞涅卡）——原注

附录三　对正义的进一步考察

这篇附录打算对正义的起源和性质作更专门的阐述，并说明它与其他德的某些区别。

仁爱和慈善的社会美德是通过直接的趋向或本能而立即发挥影响的，这个趋向或本能主要着眼于能牵动感情的简单对象，它既不考虑任何系统或体系，也不考虑由其他人的附随、模仿或效法所引起的后果。一位父亲在孩子发生危难时会赶去相救，这时他被天生的同情心所驱使，这同情心激励着他，使他无暇考虑其他人在相似情况下的情感或行为。一个慷慨的人很乐于有机会帮助他的朋友，因为他这时感到自己受着仁慈情感的支配，他既不关心以前世界上是否有其他什么人曾被这样高尚的动机激励过，也不关心将来是否有人要证明这些动机的影响。在所有这些情形中，人们的社会之情着眼于单个的对象，仅仅追求他所热爱或尊敬的人的安全和幸福。这些社会之情以此为满足，对此表示默许。由这些感情的良好影响而引起的善本身是完美无缺的，因此它也激起了赞成的道德情感，既不用考虑更深远的后果，也不用更广泛地观察社会其他成员的附随或模仿。正相反，假如那位慷慨的朋友或无私的爱国者独自一人进行慈善活动，这反倒会提高他在我们眼中的价值，除了其他比较高尚的美德之外，我们还会称赞他的标新立异。

可是对于正义和忠诚这种社会美德，情况就不同了。这些德是非常有用的，或者说，确实对人类的幸福是绝对必不可少的。可是，它们带来的利益不是每一单个行动的结果，而是从社会全体或大部分人所同意的整个体系或制度中产生出来的。普遍的和平和秩序是伴随着正义而来的，或者说，是伴随着普遍禁止对他人的占有而来的。而特别关注单个公民的特殊权利，则往往会造成有害的后果。在许多情况下，个人活动的结果与各种活动的整个系统的结果是正相反的：前者可能是极为有害的，后者则是极为有益的。从先人那里继承下来的财富如果继承人是坏人，就成了作恶的工具。就一件事例看，继承权可能是有害的，它的益处只能从对普遍规则的遵守中产生出来。如果由特定的人和特定的情况中产生的一切弊病和不便，能够因为遵守普遍规则而得到补偿，那也就足够令人满意了。

居鲁士（Cyrus）①在年轻而无经验的时候，考虑的只是眼前个别的事情。当他把长袍分给个子高的孩子，把短衣分给个子矮的孩子，他考虑的是在有限范围内的合适和方便。他的老师则给了他较好的指点，指出什么是更长远的观点和深远的后果，告诉他许多基本不变的规则，这些规则对于维持社会的普遍和平和秩序是必不可少的。

我们可以把慈善这个社会美德及其组成部分所带来的人类

---

① 居鲁士（约前 600—前 529），古波斯帝国国王。

幸福和繁荣,比作众人建起的一道墙,它由一块块石头叠砌而成,并随着每个工匠的努力和关注而越砌越高。正义这个社会美德及其组成部分促进了同样的人类幸福,这幸福可以比作一座拱形建筑,它的每一块石头都自动要落向地面,而只是由于相应部分的石头互相支持和结合在一起,才使整个建筑结构能够支撑在那里。

一切用于规定财产权的自然法和一切民法都具有普遍性,它们只考虑案件的某些本质情况,并不考虑当事人的品性、处境和关系,也不考虑在任何特定案件中这些法律决断可能引起的任何特殊后果。如果一位仁慈的人的全部财产是他没有正当资格而误得的,那么这些法律就毫不犹豫地剥夺他的全部财产,为的是把这些财产授给一位有资格获得这笔财产的自私的守财奴,尽管后者拥有的多余财富已经堆积如山。社会功利要求人们根据基本不变的规则来规定财产权。虽然采用这样的规则最有利于社会功利这同一目的,但它们不可能防止各种特殊的困难,不可能使每一个别的事情都产生有益的结果。如果这整个计划或方案对维持市民社会是必不可少的,如果因此善的力量总体上大大超过了恶的力量,那就足够了。即使由无限智慧规划出来的宇宙的基本法,也不可能把各种特殊活动中的全部罪恶和不便都排除掉。

有人已经断言,正义出自于人的约定俗成,是从人类的自愿选择、协议或合作中产生的。如果约定俗成在此指的是允诺(promise,这是该词最常用的含义),那么,这种看法是再荒谬不过了。遵守允诺本身是正义的最重要的组成部分之一,而我们并不因为已经说了要遵守允诺就一定言而有信。如果我们用

145

约定俗成指的是共同利益感，这种感觉每个人内心都可以感受到，在同伴身上也能注意到，并使他与别人共同协力，实行有助于公共利益的普遍的活动计划或活动方式，那么，应当承认，在这个意义上，正义出自于人的约定俗成。如果人们同意（这实在是很明显的），个别正义行动的个别结果对于个人和公众都可能是有害的，那么就可以推出，每一个人在接受正义之德时都必定会着眼于整个的活动计划或活动方式，必定会期望他的同伴有同样的活动和行为。假如他果真完全着眼于他自己的每一行动的后果，那么，由他的自爱以及他的慈善和仁爱经常为他规定的行为标准，就会与符合正当和正义的严格规则的行为标准大不一样了。

因此，在航行中，两个人不需任何允诺和契约，为了他们的共同利益约定俗成地划动船桨；因此，金银才成为交换的尺度；因此，言谈、词语和语言才根据人的约定和同意而确定下来。如果两个或更多的人共同行事，大家都能获益，如果只有一个人单干，就会一事无成，这个道理只能从上述原理中得出来。否则，就不会有任何动机能促使他们任何一个人加入到那种整体活动中去。①

---

① 这个关于财产权的起源，因而又是关于正义的起源的理论，基本与格劳秀斯（Grotius）暗示和采纳的理论是一致的。他说："人们放弃了分享原始物品的原始习惯，开始是在可动的物体方面，然后是在不可动的物体方面。这种情况之所以发生，我们由如下可知：当人们不满足于以野生物品为食，不满足于生活在洞穴之中，不满足于赤身裸体或以树皮和兽皮为衣到处游荡，他们就选择了比较文雅的生活方式。但要做到这一点需要付出艰苦的劳动，个人必须用艰苦的劳动去实现个人的计划。

　　自然的（natural）一词通常被用于多种意义上，其字义很
不严格，以至于要讨论正义是自然的还是非自然的似乎是徒劳
的。如果自爱、慈善对人是自然的，如果理性和预想也是自然的，
那么，这个词也可以用于修饰正义、秩序、真诚、财产和社会。
人们的倾向、人们的必然需要使他们联合起来。他们的理智和
经验告诉他们，如果他们每个人不受任何规则的约束，不尊重
他人的占有权，他们之间的联合就是不可能的。由于有了这些
结合在一起的感情和想法，当我们看到别人有同样的感情和想
法时，这个贯穿于各个时代的正义情感就已经在某种程度上确
定无误地存在于人类每一个人的心中了。对于人类这样聪明的
动物，由于他对理智官能的运用而必然产生出的东西，完全可
以恰当地认为是自然的。[①]

可是，有一些因素妨碍了人们得益于为共同利益而进行的合作。这些因
素是：首先，人们栖居的地方相距遥远；其次，人们缺乏公平和同情，
这些造成了人们在利益的创造和享受方面不可能保持恰当的平等。我们
还知道物品是怎样变成财产的。这并非仅仅由于人们的理智活动，因为
有些人并不能认识到他人所欲求的东西是他们自己的，以至于他们可能
会克制不要那东西，而不止一个人想要同一件东西的事也是可能的。解
决这个问题的办法是订立契约——这契约是明确的，如分配方面的契约；
或者是含糊的，如占有方面的契约。"（《论战时和平时的法律》，第二卷，
第二章，第二节，第4、5条）——原注

　　① "自然的"一词可与不同寻常的、神奇的，也可与人为的相对。
在前两个意义上，正义和财产权无疑是自然的。而在后一种意义上，当
正义和财产权以理性、预想、设计以及人的社会结合和联盟为前提时，
严格来说，"自然的"一词就不能适用于它们了。假如人们不是生活在社
会中，他们也就不知何为财产权，正义和非义也不会存在。可是，人类

在一切文明国家中，人们不断努力排除确定财产权时的独断和偏颇，并用对每一个社会成员都平等的基本看法和考虑来确定法官的判决。因为若不这样做，就没有什么能比法官习惯于按照个人好恶的考虑去行事更危险的了，即使在最微小的事情上也是如此。当人们认为没有别的理由，只有法官个人的好感才使他们的敌人得到偏爱，那他们肯定很容易对行政官和法官怀有强烈的敌意。因此，当自然的理性没有指出能用来决定财产纠纷的有关社会功利的确定观点，往往就制定出成文法作为补充，并指导一切法庭的司法程序。如果这些如常见的那样也无济于事，人们就诉诸以前的案例。尽管过去的裁决在作出时也不具备任何充足的理由，但却能恰当地成为新裁决的充足理由。如果直接的法律和先例也没有，不完善的、间接的法律和先例也可援用。那种运用类比推理和比较，以及运用比附和对照方法的有争议的案件就属于此类，它们所用的那些方法往往是想象多于实际。总之，我们可以有把握地断言，在这方面，法学与其他一切科学不同，而且法学中很多比较细微的问题从正反两方面都很难恰当地说它们是对的还是错的。如果一位律师经过细致的类比或比较，用先前的法律或案例来处理案件，那么，反方律师可以从容地找出相反的类比或比较来进行反驳，而法官的倾向与其说依赖于任何可靠的论证，不如说往往根据他的兴趣和想象。维护公共利益是一切法庭的基本目标，而且这个利益也要求在一切争论中有一个可靠的规则。但如果有若

社会没有理性和预想是不可能的。低等动物联合在一起是受本能的指引，本能代替了理性。不过，所有这些争论完全是词句之争。——原注

干条规则存在，它们差不多是同等的、不偏不倚的，那么，思想中一个非常微小的闪念，就可以使判决有利于诉讼的这一方或那一方。①

---

① 所有权的分离和区分，以及这种分离的稳定和持久，对于社会利益是绝对必要的，因而也是正义和财产权的起源。至于分配给特定的人以哪些财物（占有物），一般说完全是无所谓的，而且往往是根据非常琐屑的观点和考虑来确定的。我们将谈以下几点。

如果一个社会是由几个独立的成员组成的，那么，他们可能一致同意的最明显的规则，就是赋予他们对当下占有的东西的财产权，使每个人都有权占有他当下享有的东西。发生于人和物之间的占有关系，自然而然地带来了财产关系。

鉴于同样理由，占有或最初的持有变成了财产权的基础。

如果一个人在原来无主的对象上倾注了辛勤的劳动，如修剪树木，耕种土地等，那么，他对对象的改变就造成和引起了他与对象之间的一种关系，并自然而然地使我们根据一种新的财产关系把这个对象与他联系起来。这样做的理由同公共利益是一致的，公共利益就在于鼓励勤奋和劳动。

在这个事例中，出于别的动机，我们也许还会对这个所有者表示个人的仁爱，由于这种仁爱，我们把他用汗水和劳动获得的东西，以及他自以为长期享有的东西交托给他。虽然个人的仁爱往往与正义之德相矛盾，不可能是正义的起源，但是，当不可避免的社会需要使有关单独而永恒占有的规则一旦形成，个人的仁爱，以及对刁难他人的行为的憎恶，就会产生出特定情况下的特定的财产权限制。

我非常倾向于认为，继承权主要依赖于那些想象的联系，而且，先前的所有者与他所占有的东西有一种关系，而一个人与这个所有者又有亲缘关系，这个关系就是这个所有者死后要把其财产转交给这个人的理由。诚然，由于把财产转交给自己的子女或近亲，因而能使财产所有者在结束此论题之前，我们可以恰当地说，当有关正义的法律根据普遍功利的观点确定下来之后，人们非常重视由于违反这些法律而给个人带来的损伤、困难和危害，这些是人们对各种错误和不公正进行普遍谴责的一个重要原因。根据社会的法

更加勤奋，但这种看法只在文明社会才有地位，而继承权即使在最野蛮的人中也受到重视。

由添附（accession）而获得的财产权只能诉诸想象的关系或联系来说明。

根据大多数国家的法律和我们思想自然而然的倾向，河流的所有权被认为属于河岸的所有者。在此，莱茵河或多瑙河那样大的河除外，因为它们似乎太大了，以至于不能作为沿岸土地的添附。而即使我们把这些河流看作流域国的财产，我们仍然有这样一个观念：一个国家应当有与那些河流相适应的大小，而且，想象它们有那样一种关系。

民法专家们说，假如河流给邻近土地带来的添附是由他们所谓的河流冲积造成的，即不知不觉造成的，那么，这些添附属于那片土地，这种情况也支持了把那些土地结合在一起的想象。

如果河岸一侧有相当大的一块土地一下子分离出来合并到另一侧的河岸上，那么，只有等到它和另一侧的土地结合在一起，直到树木和植物已经把根延伸到两块土地之上的时候，它才成为它所合并于其上的河岸另一侧土地所有者的财产。在此之前，在思想中不足以把这两块土地结合在一起。

简言之，我们必须把如下两者区分开来，一方面是人的独立而永恒占有的必然性，另一方面是把特定对象分配给特定人的规则。前者的必然性是明显的、强烈的、不可阻挡的；后者则依赖于比较轻微琐屑的公共利益，依赖于对个人的艰辛所表现出的个人的仁爱情感和厌恶情感，依赖于成文法，依赖于先例、类比和想象中十分微妙的联系和变化。——原注

律，这件衣服、这匹马是我的，它们应当永远归我所有。我希望无忧无虑地享有它们，如果你把它们从我这里夺走，你就辜负了我的期望，使我加倍痛苦，而且触犯了每一个旁观者。就平等的规则遭到破坏而言，这是一个社会错误；就个人遭到损害而言，这是对个人的危害。在这两种考虑中，虽然前者若不先确立，后者就不可能存在，因为否则社会中就不知道我的和你的之分，但是，毫无疑问，人们对普遍利益的关注因为对特殊利益的尊重而得到极大的加强。凡是对社会有害的事情，如果没有伤害任何个人，人们就往往不大重视。而如果重大的社会错误还同严重的个人错误结合在一起，那么，这种罪恶行为会引起极大的不满就毫不奇怪了。

附录四 论某些词句之争

哲学家涉足语法学家的领域，并陷入词句之争，而他们又认为正进行着最重要、最有影响的争论，这种情况是最常见不过的了。为了避免无聊的不断争吵，我力图最谨慎地说明我们现在所探讨的题目，并提议只搜集两方面的材料：一方面是作为热爱或尊重的对象，并构成人格价值组成部分的那一系列精神品质；另一方面是作为责备或谴责的对象，并使其所有者的品格受到损害的那一系列品质。此外，我还附带对这些赞扬或谴责的情感的根源作一些思考。因为有些我列为应受赞扬的品质在英语中常被称作才能，而不称作德，有些被列为应受谴责的品质常被称作缺点，而不称作恶，所以，只要在可能引起丝毫犹豫的场合，我都避免使用德和恶这两个词。现在人们可能期望在结束这个道德研究之前，我们应当把德和才能、恶和缺点精确地区分开来，应当表明它们的确切界限，应当说明那种区分的理由和根源。但是为了避免做这种最终证明只不过是语法研究的工作，我将补充提出如下四点想法，这些想法将包括关于现在这个题目我想说的全部观点。

第一，我没有发现在英语或任何其他当代语言中，德和才能、恶和缺点之间有明确的界限，也没有发现能提出将它们截然区分开来的确切定义。例如，如果我们说，只有那些自发的、值得尊敬的品质才称得上是德，那么我们很快就想起勇敢、镇定、耐心、自制等许多品质。几乎在每种语言中，这些品质都被称作德，尽管它们很少以至于根本不是我们要选择的。如果我们断言，只有能促进我们发挥社会作用的品质才享有那个美名，那么马上就应看到，这些品质的确是最可贵的品质，而且通常它们就被称作社会的德。可是，社会的这个形容词恰恰假定了还有其他种类的德存在。如果我们把人的理智天赋和道德天赋区分开来，并因为只有后者才能引起人的行为，所以断言只有后者是实在的、真正的德，那么，我们会发现，许多通常被称作理智之德的品质，如谨慎、洞察力、辨别力、判断力，对人的行为也有重大的影响。人们还会接受心（heart）和头脑（head）的区分，前者的性质可规定为，在直接运用它们时会有感受或情感相伴随；只有这些性质才能被称作真正的德。而勤劳、节俭、平和、守密、坚忍，以及其他许多值得称赞的一般被称作德的能力或习惯，在行使的时候，在拥有它们的人那里并没有任何直接的情感，他只是根据它们所产生的效果才知道它们的。虽然这一切似乎是令人费解的，但幸运的是，由于这个问题完全是词句上的，所以不可能有任何重要意义。在不同的方言中，在同一方言的不同使用年代，语言是变化无常的，而道德的、哲学的讨论不需要考虑语言的这一切变化。总之，在我看来，尽管人们总是承认有多种不同的德存在，然而，当我们称一个人是有德行的，或称他是品德高尚的人的时候，我们主要指的是他的社会品质,这些品质实际上是最为宝贵的。同时可以肯定,如果任何人在勇敢、镇定、节俭、勤劳、理智、心灵的尊严等方面有明显缺陷,那么他就会失去有德行这一光荣称号,即使他是非常善良正直的。除了出于讽刺,有谁会说这样的人是有伟大德行的人而不是一个大傻瓜呢?

第二,语言在表示德和才能、恶和缺点的界限时不是很精确的,这一点并不奇怪,因为我们内心对它们的评价没有什么差别。看起来确凿无疑的是,具有意识价值的情感,是一个人重新审视自己的行为和品格而产生的自我满足;我是说,看起来无疑的是,这种情感虽然对其他一切人都是最共同的,但在我们的语言中却没有专门的名词①,它产生于我们的勇敢和能力、勤劳和机敏的素质中,产生于我们内心任何别的优点中。另一方面,当一个人反省自己的愚蠢和放荡,他怎么会不深感耻辱呢?每当他想起过去举止拙笨恶劣的那些事情,他怎么会不感到内疚和悔恨呢?一个人想到自己的蠢行,或想到由于怯懦或无耻而给自己带来的羞辱,这时他所想到的观念对他是残酷的,是无法用时间来抹去的。每当他独自一人的时候,这些观念仍然会时时侵扰他,使他高昂的思想变得消沉。这些观念可以用凡能想象得出的最卑鄙、最丑陋的形象把他展现在他自己面前。

---

① 骄傲一词通常用于贬义,但这种情感似乎是中性的,根据它的基础是否恰当,根据伴随出现的其他情况,它既可以是好的,也可以是坏的。法国人表达这种情感用的是 amour propre 一词,但因他们又用这个词表示自爱和虚荣,因此在罗什富科(Rochefoucault,1613—1680,法国作家)和法国许多道德学家那里造成了很大的混乱。——原注

除了这样的错误、弱点和卑鄙之外，我们还有什么更急于隐藏起来不让别人知道的呢？我们还有什么比这更害怕被人用嘲笑和讽刺来揭露的呢？我们的虚荣心不是以我们的勇敢或学识、才智或教养、辩才或谈吐、趣味或能力为主要对象的吗？即使不加炫耀，我们也要小心地将这些品质展现出来。我们通常表现出这样的志向，即更想得到这些出色的品质，而不是实际比这些品质更优秀的社会美德本身。善良和正直，尤其是后者，是非常必要的，以至于虽然破坏这两种责任会带来极大的谴责，但由于它们对于支撑人类社会似乎是必不可少的，所以平常符合那些责任的事情却反而不会带来高度的赞扬。因此，我认为，为什么人们常常尽情地颂扬他们感情方面的品质，却羞于赞美他们理智方面的才能，其原因就在于：他们认为后一种德更加罕见和突出，所以通常更把它们说成是骄傲和自负的对象，如果以它们自吹，则会大有骄傲和自负之嫌。

我们很难说当你称一个人是无赖或懦夫时，是否最严重地损害了他的声誉，很难说一个狂饮暴食之徒是否不像自私吝啬的守财奴那样可憎和可鄙。如果让我来选择，我宁可为了自己的幸福和快乐去获得友爱仁慈的情感，而不去拥有德谟斯梯尼和菲力浦两人一起所具有的其他一切美德。可是，我也宁愿被世人当作一个才华横溢、英勇无畏的人，并因此期盼一些有力的例证，来表明我受到普遍的欢迎和赞赏。一个人一生所创造的良好形象，他在同伴中所受到的欢迎，他的熟人对他的尊敬，以上所有这些优点，如同依赖于他的其他任何品性一样，也依赖于他的良好智力和判断。假如一个人果真有最好的意愿，假如他果真最大限度地摆脱了一切不义和暴力，那么，倘若他连一点适当的才华和理解力也没有，他就无法使自己受到大的尊重。

那么，我们这里所争论的是什么呢？如果智力和勇气、节制和勤劳、智慧和知识众所公认构成了人格价值的重要部分；如果具有这些品质的人比起完全没有这些品质的人，既更好地得到自我满足，又更好地博得别人的善意、尊重和帮助；总之，如果从人的这些禀赋中产生的情感和从社会美德中产生的情感是相似的，那么，还有什么理由为一个词而谨小慎微，或为这些禀赋能否配得上美德这个称号而进行争论呢？人们的确会认为，那些才能所引起的赞成的情感除了它是次等的而外，与伴随正义和仁爱之德而来的情感也有些不同。不过，这似乎并不是把这些才能完全列入不同种类和不同名下的充足理由。根据萨鲁斯特（Sallust）[①]的描述，恺撒的品格和加图的品格都是有道德的（就这个词最严格、最限定的意义而言），但是其方式不同，由它们所产生的情感也不完全相同。一个品格产生了爱，另一个品格产生了尊重；一个品格是和蔼的，另一个品格是威严的；一个品格我们希望在朋友那里看到，另一个品格我们渴望自己得到。即使我们不把社会美德当成完全不同的一类，由节制、勤劳、节俭所带来的赞许也会与我们对社会美德的赞许有所不同。我们甚至可以说，这些禀赋与其他的德一样，并不都能带来同样种类的赞许。良好的智力和天赋引起人们的尊敬和关注，而诙谐和幽默则激发了人们的喜爱和爱慕。[②]

---

① 萨鲁斯特（前86—前35），古罗马政治家和历史学家。

② 爱和尊敬差不多是同样的感情，并由相似的原因产生。造成这

我相信，大多数人不需事先考虑就会自然而然地同意那位高雅而明智的诗人所下的定义：

（因为仅仅只有好脾气的人是蠢人，所以）德乃是理智和仁爱精神。[①]

一个人大肆挥霍其财富，用于骄奢淫逸、空虚无聊的生活，这个人有什么借口要求得到我们的慷慨支持或良好帮助呢？这些罪恶（我们毫不犹豫地这样称呼它们）带来了不值得同情的痛苦，使一切沉溺于这些罪恶的人受到蔑视。

阿凯欧斯（Achaeus）[②]是一位精明谨慎的君主，虽然他用

两种感情的是那种能传播快乐的品质。但如果这个快乐是庄重而严肃的，或者它的对象是伟大的，给人造成了强烈的印象，或者它使人产生了任何程度的谦卑和敬畏，那么，在所有这些情况下，把从这个快乐中产生的感情称作尊敬要比称作爱更恰当。两者都有慈善相伴随，但慈善与爱的联系更密切。在轻蔑中掺杂着的傲慢似乎要比尊敬中掺杂着的谦卑更强烈，其理由对于仔细研究这些感情的人是不难理解的。情感的所有这些各式各样的混合、构成和现象形成了一个非常奇妙的思辨题目。不过，这个题目已经超出了我们当前讨论的目的。在现在这个研究中，我们一般总是考虑这样的问题：如果不涉及人的品质所激发的情感的一切细微差别，什么样的品质是赞扬或谴责的对象。显然，凡是受到蔑视的东西是可恨又讨厌的。在这里，我们力图根据它们最简单的形象和现象来确定我们的对象。只是这些科学对于普通读者显得太抽象，即使我们能处处小心地把这些科学中不必要的思辨清除出去，使这些科学适合于每个人的接受能力，也仍然是如此。——原注

① J. 阿姆斯特朗：《保持健康的艺术》，第四卷。——原注

② 叙利亚国王和塞琉古王朝的首脑，因宣告独立于公元前 213 年被处死。

尽一切合理的办法小心提防，还是落入了致命的圈套，失去了他的王位和性命。因此，历史学家说，他是一个受到尊重和同情的正直的人。背叛他的人只能遭到憎恨和蔑视。①

庞培在内战初期的仓促出逃和因缺乏远见而犯下的过失，在西塞罗看来是极大的错误，这让他和那位伟人的友谊大打折扣。他说，这就如同我们发现一个女子的龌龊、无礼或莽撞不为我们所喜爱一样。他在对他的友人阿提库斯谈这番话时不是以哲学家的身份，而是以一个政治家和饱经世事者的身份说的。

然而作为一位哲学家，这同一个西塞罗却模仿一切古代道德学家那样来推理。把他的德的观念大加扩充，把心灵的每一个值得称赞的品质或禀赋都包括在德这个崇高的名号下。由此引出了我想说的第三个想法，即古代的道德学家，那些最模范的人物，对不同种类的精神素质和缺陷没有做出实质的区分，而是把它们都放在德和恶的名下同样对待，并将它们不加区分地当作道德推理的对象。西塞罗在《论职责》中说，谨慎就是引导我们发现真理、防止错误的那种明智性。在那里，他还详细谈到了宽宏大量、节制、端重等品质。因为这位能言善辩的道德家是同意公认的四主德的区分的，所以在他对主题的基本划分中，我们的社会责任只构成其中的一项。②

---

①　波里比奥斯:《通史》，第八卷，第二章。——原注

②　西塞罗的下面一段话值得摘录，因为它最清楚明确地说明了我们的目的，即任何事情都是可以想象的，而且在主要与词句有关的争论中，任何事情都一定会因为作者的争辩之故而带来一种权威性，而这种权威性不可能有任何影响力。

"德本身是值得尊重的，而且是对任何事情进行评价的先决条件。但

我们只要仔细看一下亚里士多德的《伦理学》各章的标题，就会相信，他把勇敢、节制、高尚、宽宏大量、谦虚、谨慎、男人的开朗等同正义和友谊一样划入美德之列。

对某些古人来说，坚忍和克己，即忍耐和克制似乎集一切美德之大成。

爱比克泰德儿乎从未谈到过仁爱和怜悯的情感，但这只是为了使他的信徒免受其影响。斯多亚派的德似乎主要在于一种坚定的性情和健全的理智。他们同所罗门及东方道德学家一样，把愚蠢和智慧等同于恶和德。

是德有若干组成部分，有些部分比其他部分更适于得到尊重。因为某些德在人的行为方式中是显而易见的，它们是与亲切和善意结合在一起的。而另一些德取决于理智的能力，取决于心灵的伟大和坚强。怜悯、正义、善意、忠诚、临危不惧，这些都使听到此种赞扬的人感到愉快。据认为，所有这些德给本身具有这些德的人带来的益处并没有给人类带来的那样大。而另外一些德，即心灵的睿智和伟大（与之相比，人类的一切事务都被看成是不实的，是虚无），思维乃至雄辩中的理智力量，都会引起人们的尊敬，但却较少带来快乐。因为它们似乎只给我们对之表示尊敬的人，而不是给我们表示尊敬时在场的其他人带来光彩和益处。然而，这些各种各样的德也都包括在应受尊敬者之列。人们同意这样的意见：不论是道德上受到欢迎和使人愉悦的方面，还是令人惊叹赞赏的方面，都应该受到尊敬。"（西塞罗：《论雄辩家》，第二卷，第89章）

我想，如果西塞罗现在还活着，他将发现很难把他的道德情感限制在狭隘体系的范围内，很难使他相信，除了由《人类的全部责任》所推荐的品质以外，任何品质都不能被接受为德，都不能被承认为人格价值的组成部分。——原注大卫说："你若利己，人必夸你。"① 一位希腊诗人说："我讨厌对自己不智的智者。"②

普鲁塔克既不受他的历史体系的束缚，也不受他的哲学体系的局限。当他把希腊和罗马的伟人相比较，他公正地把他们的各种缺点和功绩对立起来，而且没有忽略任何可以对他们的品格作出褒贬的重要情节。他的道德论述包含着对人和行为方式的同样坦率而自然的谴责。

按照李维的描述，汉尼拔的性格被认为是很偏颇的，但他承认汉尼拔有许多杰出的美德。这位历史学家说，从来没有一位天才人物能像他那样适合于命令和服从这两种对立的职能，因此，很难确定他在统帅和军队两者中，更为哪一方所喜欢。哈士杜路巴（Hasdrubal）③ 最愿意把危险的军事行动交给汉尼拔去完成，只有在汉尼拔的指挥下，士兵才能表现出最大的勇气和自信。他临危不惧，处险不惊。任何艰难困苦都不能疲乏其筋骨，损伤其心智。他不畏寒暑，他把酒肉当作维持生命的必需，而不是用于奢欲的满足。他起居无常，日夜操劳。可是，这些伟大的品德却被他的严重罪恶所抵消了：他惨无人道，最无信义，不讲真理，没有信仰，不尊重誓言、允诺或宗教。

亚历山大六世 ④ 的性格与此十分相似，但比较公正，这可

① 《圣经·旧约》，"诗篇"，第 49 节。——原注

② 古希腊悲剧作家欧里庇德斯（约前 480—前 406）语。

③ 哈士杜路巴（？—前 221），迦太基统帅哈米尔卡·巴卡之婿，后任迦太基军统帅，死后由汉尼拔继任。

④ 亚历山大六世（约 1431—1503），罗马教皇，是历史上最荒淫的教皇之一。

以在圭恰迪尼（Guicciardini）的著作^①中看到。而且他的性格是个证据，表明即使是现代人，如果他们用自然而然的方式说话，他们所用的语言和古代人是一样的。圭契阿迪尼说，这位教皇有一种独特的才能和判断力，他具有令人赞叹的深谋远虑，卓越非凡的劝辩才能，在一切重大活动中都表现出难以置信的勤奋和机敏。但是他的这些德远远抵消不了他的恶：没有信仰，不信宗教，贪得无厌，野心勃勃，极端残忍。

波里比奥斯指责蒂迈欧（Timaeus）对阿加托克斯（Agathocles）^②是不公正的，尽管他本人承认阿加托克斯是最残忍、最邪恶的暴君。波里比奥斯说，如果像蒂迈欧断言的那样，阿加托克斯放弃了早先从事的烟熏火燎、肮脏苦累的制陶业，跑到叙拉古避难，然后由此惨淡起家，不久成为西西里的长官，并对迦太基国构成了极大的威胁，而最后位居至尊，高寿而终。如果这是阿加托克斯的经历，那么难道不应承认他具有某种非凡而惊人的素质，具有治事励行的伟大才能吗？因此，为其撰史的人不应只叙述倾向于侮辱和丑化他的事情，还应当叙述有可能为他带来赞誉和荣耀的事情。

总之，我们可以看到，在古人的道德推理中，很少考虑自愿或非自愿之间的差别，他们常常认为下面这个问题是十分可疑的：美德是否可以传授？^③他们公正地认为，怯懦、卑鄙、轻率、

---

① 《意大利史》，第一卷。——原注

② 蒂迈欧（前356—前260），古希腊历史学家，著《通史》40卷。阿加托克斯（前361—前289），公元前317年至304年为叙拉古的暴君，公元前304年后自封为西西里王。

③ 参见柏拉图的《美诺篇》；塞涅卡的《论怡然自乐的生活》，第

忧虑、急躁、愚昧，以及心灵的其他许多品质，尽管与意志无关，但都可以显得可笑和丑陋，可耻和可憎。不能设想每一个人都有能力随时获得各种外在美，同样也不能设想每一个人都有能力随时获得各种内心美。

于是，这里就有了我打算说的第四点想法，我要提出一个理由，说明为什么当代哲学家在道德探讨中所遵循的路线往往与古人不同。在后来的年代，各种哲学，尤其是伦理学，已经比以往在异教徒中所看到的更紧密地和神学结合在一起。而因为这后一门学科不容许向其他科学妥协，而是让各个分支知识都服从于它自己的目的，它对自然现象或无偏无倚的心灵情感从未充分重视。于是，推理乃至语言就偏离了它们发展的自然途径，而且在对象之间的差别不大能察觉的情况下，仍力图将它们区分开来。哲学家，或更恰当地说那些披着哲学外衣的神学家，对待一切道德就如同对待靠奖惩来维护的民法一样，站在相同的基点上，因此他们不可避免地导致把自愿或非自愿这个情节当成他们全部理论的基础。每一个人都可以按照他们喜欢的含义使用术语，但与此同时，我们必须承认这样一点：情感每天都体验到谴责和赞扬，情感的对象是超出于意志或选择的控制之外的。对于这些情感，我们即使不作为道德学家，至少作为思辨的哲学家，也应当给出某种满意的理论说明。

缺点、错误、罪恶、罪行，这些表达似乎表示了不同程度的指责和不满，但是，归根结底它们差不多是同一种类的。对其中一种表达的解释很容易使我们得出对其他表达的正确概念，

---

31 章；又见贺拉斯语："德是学习的产物，还是自然的赠馈？"——原注

而且这个解释比较关注于事物，而不是词句名称。即使在最通俗的道德体系中也会承认，我们对自己有一个责任，而为了知道这个责任与我们对社会的责任是否相似，对这个责任进行考察就应当是重要的。我们因尽到这两种责任而得到的赞许很可能有相似性，而且是从相似的原则中产生出来的，不论我们能给这两种美德各取什么样的名称。

崇文学术文库·西方哲学

1. 靳希平 吴增定 十九世纪德国非主流哲学——现象学史前史札记
2. 倪梁康 现象学的始基：胡塞尔《逻辑研究》释要（内外编）
3. 陈荣华 海德格尔《存有与时间》阐释
4. 张尧均 隐喻的身体：梅洛 - 庞蒂身体现象学研究（修订版）
5. 龚卓军 身体部署：梅洛 - 庞蒂与现象学之后
6. 游淙祺 胡塞尔的现象学心理学 [待出]
7. 刘国英 法国现象学的踪迹：从萨特到德里达 [待出]
8. 方红庆 先验论证研究 [待出]

崇文学术文库·中国哲学

1. 马积高 荀学源流
2. 康中乾 魏晋玄学史
3. 蔡仲德 《礼记·乐记》《声无哀乐论》注译与研究
4. 冯耀明 "超越内在"的迷思：从分析哲学观点看当代新儒学
5. 白 奚 稷下学研究：中国古代的思想自由与百家争鸣
6. 马积高 宋明理学与文学
7. 陈志强 晚明王学原恶论 [待出]
8. 郑家栋 现代新儒学概论（修订版）[待出]

崇文学术·逻辑

1.1 章士钊 逻辑指要
1.2 金岳霖 逻辑 [待出]
1.3 傅汎际 译义，李之藻 达辞：名理探 [待出]
1.4 〔英〕耶方斯 著，王国维 译：辨学
1.5 亚里士多德 著：工具论（五篇 英文）
2.1 刘培育 中国名辩学 [待出]
2.2 胡 适 先秦名学史（英文）[待出]
2.3 梁启超 墨经校释
2.4 陈 柱 公孙龙子集解
3.1 窥 基 因明入正理论疏（金陵本）[待出]

崇文学术译丛·西方哲学

1.〔英〕W. T. 斯退士 著，鲍训吾 译：黑格尔哲学

2.〔法〕笛卡尔 著，关文运 译：哲学原理 方法论

3.〔德〕康德 著，关文运 译：实践理性批判

4.〔英〕休谟 著，周晓亮 译：人类理智研究

5.〔英〕休谟 著，周晓亮 译：道德原理研究

6.〔美〕迈克尔·哥文 著，周建漳 译：于思之际，何所发生 [待出]

7.〔美〕迈克尔·哥文 著，周建漳 译：真理与存在 [待出]

崇文学术译丛·语言与文字

1.〔法〕梅耶 著，岑麒祥 译：历史语言学中的比较方法

2.〔美〕萨克斯 著，康慨 译：伟大的字母 [待出]

3.〔法〕托里 著，曹莉 译：字母的科学与艺术 [待出]

中国古代哲学典籍丛刊

1.〔明〕王肯堂 证义，倪梁康、许伟 校证：成唯识论证义

2.〔唐〕杨倞 注，〔日〕久保爱 增注，张觉 校证：荀子增注 [待出]

3.〔清〕郭庆藩 撰，黄钊 著：清本《庄子》校训析

4. 张纯一 著：墨子集解

唯识学丛书 (26种)

禅解儒道丛书 (8种)

徐梵澄著译选集 (4种)

西方哲学经典影印 (24种)

西方科学经典影印 (7种)

古典语言丛书（影印版，5种）

_____

出品：崇文书局人文学术编辑部

联系：027-87679738，mwh902@163.com

我思
敢于运用你的理智 ®